KB051219

우리가 삶에 관해

너무나 몰랐던 일들

교육현장

4

우리가 성에 관해 너무나 몰랐던 일들

어린이 및 청소년 성폭력을 중심으로

김성애 · 전명희 지음

도서출판 또 하나의 문화

들어가는 말

그 동안 우리 사회는 어린이 성폭력에 관심이 별로 없었다. 성폭력이란 주제 자체가 부각된 지도 10년이 넘지 않은 것처럼 어린이와 청소년들이 당하는 고통에 대해서는 아직 충분한 관심을 기울이지 못한 상태이다. 지은이들이 성폭력에 관심을 갖기 시작한 것은 다름 아닌 성교육의 현장에서였다. 청소년들에게 성교육을 진행하는 데 가장 유용한 재료는 바로 그들 자신의 삶과 관련된 이야기이다. 아이들은 성에 관해 어떤 기억들을 가지고 있을까? 그것들이 지금의 성에 대한 생각과 어떤 관련을 가지고 있는 것일까? 지식의 차원이 아니라 그들이 느끼고 자신의 한 부분으로 받아들이는 성교육을 하기 위해서는 그들의 경험을 알아야 한다는 생각이 들었다.

몇 년 전부터 시간적 여유가 주어지는 성교육 워크숍에서는 자신들에게 가장 영향을 많이 미친 성에 관한 경험들을 무기명으로 적도록 하였다. 그리고, 이 중에 함께 이야기하기 원하는 내용을 대표로 읽어 주면서 그 안에 담긴 여러 가지 경험들을 해석해 나갔다. 이러한 작업들을 통해 이들은 대리적인 상담 효과를 경험하는 한편, 성에 대한 잘못된 생각들에서 벗어나기도 하였다.

그런데 이렇게 받게 된 수백 개의 사례들을 자세히 살펴보니, 놀라운 사실은 많은 청소년들이 어린 시절 크게, 작게 성폭력을 경험했다는 것이다. 그 동안 침묵과 비밀로 자리잡고 있던 이야기들이 성교육 현장에 물밀듯이 쏟아져 내렸다. 그들은 비밀이 아니길 원하는 비밀을 밝힐 안전한 장소가 필요했던 것이다. 아이들은 "한번도 얘기한 적 없던 이야기"라는 부제를 붙인 채 성폭력 피해 경험을 나누고, 자신이 그러한 일을 경험했음에도 불구하고 얼마나 잘 견디고 잘 자라왔는지 스스로 대견해 하기도 하였다. 그들은 글을 적으면서 울기도 하였고, 또한 아픔을 나눈 후 다시 답신을 하기도 하였다. 때로는 직접 찾아와서 상담을 청하기도 하였다. 즉각적인 조치가 필요한 친구들도 있었다. 이러한 경험을 토대로 지은이들은 아이들의 내면 세계와 그들의 건강한 성장을 위해서 성폭력의 사건들을 재정리하는 것이 반드시 필요하다는 것을 깨달았으며, 이것이 바로 책을 쓰도록 만든 가장 결정적인 이유가 되었다. 그리고 현장에서 지은이가 진행하고 있는 성교육 방식이 성폭력 회복을 위한 치유 과정(healing process)과 흡사하다는 것을 실제적으로 체험하였으며, 그 후에 문헌들을 통해 확인하게 되었다.

이 책에서 다루어지는 성폭력의 내용들은 지은이들이 성교육 현장, 그리고 상담 현장에서 최근 몇 년 동안 만난 많은 아동들과 청소년들로부터 수집한 것들이다. 무기명으로 제출된 사례들도 있고, 때로는 내담자의 허락을 받고 각색 수정하여 언급된 사례들도 있다. 지은이들은 크고 작은 어린 시절의 성폭력 경험, 그리고 현재도 이어지고 있는 성폭력의 후유증 때문에 무기력 상태에 있는 청소년들을 만나면서 정말 무엇인가 하지 않으면 안 되겠다는 생각을 하였다. 이렇게 아픈 기억들을 굳이 글로 드러내는 이유는 이 땅의 어린이들과 청소년들이 끔찍한 경험으로 인해서 혼자서 고민하고 고통받고 있다면 이 책을 통해 함께 아픔을 나누고 치유할 수 있는 용기를 얻기 바라기 때문이다. 또한 자신이 지금 어디에 서 있으며, 앞으로 어떠한 길들이 남아 있는지를 알게 됨으로써 함께 고통을 이겨나갈 수 있었으면 하는 마음에서이다. 감사하게도 우리는 현장에서 이러한 일들을 극복하고 일어서는 많은 청소년들을 만났는데, 자신과 같은 아픔을 가진 사람들이 또 있다는 것을 깨닫고 일어설 용기를 내게 된 것이 자신이 가치 있는 존재라는 생각을 갖게 되었기에 가능했다고 본다. 이들은 두려움으로 인해 한번도 이야기한 적 없는 경험들을 작은 종이에 옮겨 적는 순간 이미 치유를 향한 여정을 시작했다. 또 자신의 이야기는 아니지만 자신과 같은 이야기들을 들으며, 공감하며, 그들이 어려움을 극복해 가는 과정을 함께 배우며 남아 있는 나날들을 살아갈 용기를 얻게 되었다.

그들이 한번도 이야기한 적 없는 글을 쓰면서 얼마나 떨렸을 것인가, 또다시 그때 생각으로 몸서리쳐지기도 하였을 것이다. 짧게는 불과 며칠 전에서부터 길게는 몇 년 전의 일들인데 그 때 일이 자신에게 지속적으로 영향을 미치고 있다는 사실을 깨달았을 때 느끼는 절망감 또한 컸으리라는 것을 안다.

그러나, 이들은 한번도 마음 깊은 곳에서 밖으로 나오지 못하고 답답하게 박혀 있던 유리 조각을 파내는 작업을 시작한 것이다. 성폭력 경험은 가슴에 유리 조각이 박힌 것과 같다. 유리 조각은 날카로워서 우리 마음속을 그 조각이 헤집고 다닐 때마다 상처를 내고 피가 난다. 어떤 사람은 너무 오래 전 일이라 유리 조각이 몸 속으로 들어갔다는 사실조차 잊어버렸는데도, 자꾸만 아프다. 찔릴 때마다 통증이 느껴지는 것이다. 정확히 무엇인지는 몰라도 힘들고 어려운 시간들이 계속되기도 한다. 어떤 사람은 죽고 싶다는 생각을 계속하게 될 만큼 위협적이다. "세월이 약"이란 말은 그 유리 조각이 몸 속에서 무디어지기를 기다리라는 말과 같다. 그래서 더 이상 살아 있는 우리 몸과 마음을 찔러도 괜찮을 만큼 무디어질 때까지…

그런데, 그러자면 얼마나 많은 시간이 필요하고 얼마나 많이 찔려 상처가 날 것인가. 가장 좋은 방법은 유리 조각들을 가슴속에서 꺼내어 놓는 것이다. 꺼내는 순간에는 매우 커다란 고통을 수반하지만 궁극적으로 그것이 치유에의 용기인 것이다. 막상 꺼내 놓고 나면 그 동안 난 상처들이 아무느라고 얼마 동안은 계속 아플지도 모르겠다. 그리고, 산산 조각난 파편을 완전하고 깨끗하게 제거하지 못하였을지도 모른다. 그래도, 우리 마음을 더 이상 찌르는 일은 없을 것이다. 그래서 묻어 두고 시간이 지나기만을 기다리는 것과 성폭력 경험을 꺼내 놓고 치유 받는 것은 본질적으로 다른 일이다. 치유된 사람들은 다시 힘을 합하여 아직도 성폭력에 노출되어 있는 다른 사람들을 위해 무엇인가 할 수 있다. 그래서 사회를 바꿀 수 있는 힘이 모이는 것이다.

이 책을 쓰면서 지은이들은 성폭력 치유를 위한 많은 외국의 문헌들을 접하게 되었고, 우리 나라에서는 이 분야가 불모지와 같다는 생각을 하게 되었다. 특히 아동과 청소년들의 인권을 위협하는 성폭력에 대해서는 더욱 그러하다. 그래서인지 우리는 생각을 맞추고 도움이 되는 글을 쓰기 위해 이 책을 기획하여 완성하기까지 거의 2년여의 시간을 보냈다. 그 동안 또 하나의 문화의 안희옥 선생님과 많은 분들이 이 책에 관심을 가지고 글을 읽고 도움을 주셨다. 그분들께 감사를 드린다.

우리는 이 책을 통해서 한국의 성교육 현장에서 일어나는 것과 같은 힘들이 고통 중에 있는 한 사람에게라도 전달되기를 바란다. 청소년들에게는 살아온 날들보다는 살아갈 나날들이 훨씬 길다. 그들이 희망을 갖고 살게 되기를 바란다. 더 늦기 전에 이러한 작업들을 통해서 우리 모두 함께 성폭력 없는 사회를 만들어 가는 좋은 이웃들이 되었으면 하는 바람이다.

성폭력으로부터 자유로운 세상을 만들기 위해서는 반드시 사회적 맥락에서의 변화들이 있어야 한다. 가부장적 사회의 여성에 대한 편견, 우리 몸에 대한 관점, 그리고 성폭력을 조장하는 사회적 조건들이 변화하여야 하며, 성폭력 피해자를 보호하고, 가해자를 정당하게 처벌할 수 있는 법적, 제도적 조건의 변화가 전제되어야 한다. 90년대 이후에 이에 관심을 가진 이들의 노력의 결과로, 법적 장치가 생겨났으며, 성폭력을 전담하는 상담소들이 문을 열었다. 물론 아직도 너무 부족한 현실이긴 하다.

이러한 공적이고 거시적 측면의 장치도 필요하지만, 개인적 차원에서는 자신에게 일어난 일들을 정리하는 시간이 주어져야 한다. 성폭력에서 살아남은 개인이 자신의 남아 있는 삶들을 위해 올바른 관점을 획득하게 되고, 이들의 주변에 있는 많은 사람들이 성폭력이 주는 영향과 치유의 길에 대해 관심을 갖고 있어야 한다. 그것이 성폭력으로부터 생존하고자 하는 자들이 주위 사람으로 인해 제2의 상처를 입는 일을 막는 것이기 때문이다. 그래서 우리는 이 책을 성폭력 경험이 있는 청소년들과 그들의 친구들, 부모, 그리고 교사들이 함께 읽기를 바란다.

이 책은 크게 3부로 구성되어 있다. 제1부는 무엇이 일어났는가 하는 것인데, 이곳에는 앞서 설명되었듯이 많은 청소년들이 적어 놓은 성폭력의 사례들을 중심으로 이야기를 나누고자 한다. 제2부에서는 무엇이 진행되고 있는가 하는 문제이다. 이들이 단 한순간의 사건 이후, 또는 지속적으로 성폭력의 피해에 노출되어 있는 동안 어떠한 성폭력 후유증을 경험하고 되고 또 어떻게 견디어 왔는지를 살펴본다. 제3부에서는 성폭력 없는 사회를 위한 제언들로 구성해 보았다.

차례

제 1 부

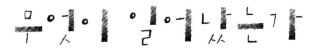

성폭력은 우리 주변에서

매우 흔히 일어난다.

성폭력이란 상대방의 동의 없이

강제적으로 성적 행위(언어 포함)를 하거나

성적 행위를 강요, 위압하는 행위

모두를 의미한다.

성폭력이란?

성폭력은 매우 일상적으로 일어난다. 흔히 생각하는 길 지나가다 당하는 강간이나, 무자비한 의붓아버지로부터의 근친 강간 등 강제적인 성관계가 이루어지는 것만이 성폭력의 범주에 속하는 것은 아니다. 성폭력은 우리 주변에서 매우 흔히 일어난다. 성폭력이란 상대방의 동의 없이 강제적으로 성적 행위(언어 포함)를 하거나 성적 행위를 강요, 위압하는 행위 모두를 의미하기 때문이다. 그러나, 어린이들에게 가해지는 성폭력의 경우에는 어린이가 동의의 의사를 표현했다 하더라도 어린이에게 성적인 행위를 강요하거나, 참여하도록 한 것은 모두 어린이 성폭력에 포함된다. 그러므로 강간은 물론이고, 가슴이나 성기 부위 등을 만지는 성적 추행, 성적 가혹 행위, 성기 노출, 음란물 보이기, 음란 전화 등이 모두 성폭력에 포함된다고 할 수 있다. 특히 어린이들에게 가해지는 성폭력은 가해 대상 또한 매우 다양하다. 많은 경우 피해자가 알고 지내던 사람들이 가해자가 되는데, 아버지나 삼촌, 또는 모르는 성인인 경우 외에도 같은 반 남학생, 오빠, 심지어는 남동생에게까지 여자아이들은 성폭력에 노출되어 있다. 아이들은 성폭력을 경험하였을지라도 그 일이 무엇이었는지 잘 알지 못하고 지나가는 경우도 많이 있고, 그래서 그들은 나중에 가서야 자신이 당한 것이 성폭력이었음을 깨닫게 되면서 더 큰 충격과 분노를 터뜨리기도 한다. 본 장에서는 청소년들이 고백하는 성폭력 경험을 중심으로 이야기를 하려 한다.

금지된 장난

부부놀이

초등학교 2학년 때였을까? 나는 무슨 일인지 모르지만 할머니 댁에 가 있었다. 할머니 댁엔 할아버지와 할머니밖에 계시지 않아 나는 늘 친가 옆집에 있는 외가에 가서 놀았다. 외가에는 언니, 오빠, 그리고 나보다 한 살 적은 남동생이 있다. 내가 기억하고 있는 그날은 외가에 나, 내 여동생, 외사촌 오빠와 남동생이 있었다. 짝도 맞아 우리는 부부놀이랄까. 그런 종류의 놀이를 했다. 먼저 짝을 정했다. 나와 오빠가 부부였고 내 동생과 외사촌 동생이 부부였다. 우리가 놀던 방은 윗방이라 불리는 조그만 방이었는데 이불을 두 개 펴놓고 있었다. 대부분 아이들이 노는 것처럼 남편이 출근했다 퇴근했다 하며 낮과 밤이 여러 번 지난 것 같다 (물론 놀이에서). 그 놀이에서는 밤이었는데, 우리는 한 부부씩 한 이불에 들어가 있었다. 근데 오빠가 내 위로 올라가더니 옷을 입은 채로 오빠의 성기를 내 것에 댔다. 지금 생각해 보면 난 그다지 놀라지 않았다. 도리어 난 "진짜 부부들은 옷을 벗고 하더라" 하고 말했던 것으로 기억한다. 그리고는 우린 둘 다 바지만 내리고 다시 위와 같이 했던 것 같다.

21

우리가 어렸을 적에는 성에 관한 호기심들을 충족시킬, 열린 돌파구가 없었다. 그리고 자유롭게 탐색해볼 기회조차 없었다. 어른이 되면 다 알 것이기 때문에 아이들은 궁금해도 그저 참으라는 식이다. 아이나 어른이나 우리는 모두 성적인 존재들이다. 그래서 아이들은 자신의 얼굴 생김새에 관심을 가지듯이 성에 대해 관심을 갖게 된다. 그리고 자연스럽게 그러한 호기심들을 충족시키고 이를 통해 건강한 발달을 획득할 수 있다. 아이들은 흔히 배꼽의 정체, 다르게 생긴 남녀 성기의 모양, 그리고 어른들이 하는 성적 행동들에 관심을 갖는다. 아이들은 놀이를 통해 성적 호기심을 충족시킨다. 성적인 놀이들은 어쩌면 성을 이해하기 위한 하나의 돌파구인 것이다. 그러나, 성적 호기심을 충족하고자 장난하는 아이들을 목격한 대부분의 부모와 어른들은 눈살을 찌푸리면서 설명보다는 훈계를 하는 경우가 더 많다. 또는 무엇인가 잘못한 것 같은 느낌을 준다. 그냥 설명해 주면 좋을 것도 "성에 관한 것"이라는 이유 때문에 이상한 반응들을 보이기도 한다. 우리가 어렸을 적에는 성적 탐구의 시간이 정당하게 주어지지 않은 경우가 많았다. 지금부터 10년 전, 또 그 전에는 더더욱 그랬다. 관심을 갖는 것 자체를 금기시하는 분위기였다.

그런데, 여자아이들의 경우에는 더욱 그렇다. 여자아이들은 어릴 때부터 성이 무엇인지는 몰라도 관심을 가지면 안 되고 성인이 되어 결혼할 때까지 아무것도 몰라도 된다는 식이었다. 아니, 결혼을 하더라도 성적인 관심과 욕구를 표현하면 안 되는 "성에 관해 관심 없는" 모습을 가지는 것이 정숙한 여인이라는 교육을 암묵적으로 받게 된다. 심지어 여자 청소년들은 자신의 성기 모양이 어떻게 생겼는지조차 잘 모르고 십대를 지나오는 일도 많은 것이다. 그래서, 성적 장난은 관심의 충족을 위한 돌파구 중 하나인 것이다.

내가 6살 때 언니가 4학년 때

내가 6살 때쯤이었던 것 같다. 당시 엄마 아빠는 맞벌이를 하시며 집에 늦게 오셨다. 4살 난 어린 동생은 할머니 댁에 있었고 엄마와 아빠가 나가시면 난 하루종일 혼자서 엄마가 오실 때까지 놀아야 했다. 그러니 자연히 동네에 살고 있는 아이들과 매일 만나고 또 언니들도 많이 알게 되었다. 그러던 어느 날 평소 특히 친하게 지내던 언니네 집에 놀러가게 되었다. 내게 무척 잘해 주었던 그 언니는 아마도 초등학교 4학년쯤이었던 것 같다. 언니 방에서 놀다가 언니는 갑자기 내게 누우라고 했고 바지와 팬티를 벗으라고 했다. **아무것도 모르는 나는 언니가 시키는 대로 했다. 그러더니 잠시 후 언니는 내 위에 누워 얼굴에 뽀뽀를 하고 거기를 만졌다. 언니는 아마도 어디선가 그런 성행위 장면을 보고 내게 흉내를 냈던 것 같다.** 그걸 하면서도 4학년인 언니 역시 별 느낌이나 자극을 받지 못했던 것 같다. 그 후론 한번도 하지 않았으니… 당시 난 그런 게 뭔지 전혀 알지 못했고 언니가 대체 왜 이러는지 이해하지 못했다.

4학년인 언니는 사춘기가 가까워 오면서 성관계에 관심이 생겼다. 어디선가 보았을지도 모르고, 친구들에게 들었을지도 모른다.

"야, 어른들은 서로 사랑한다고 얼싸안고 비비고, 그러다가 거기 만지더라…"
"그럼 어떤 느낌일까?"

"한번 해보면 되잖아…"

형제들이 있는 가족에서는 흔히 이러한 성적인 탐구의 시간을 서로서로 갖게 된다. 아니면 친구들끼리 몰려가서 한번 정도는 어른 흉내를 내어본다. 아이들은 그 느낌이 궁금하다. 그런데 함께 탐구를 하는 데 동의하는 대상을 찾지 못한 4학년 언니는 옆집 동생을 불러서 직접 경험해 보고 싶은 욕구를 실전으로 옮긴다.

아이들은 성에 관해 알고 싶은데 호기심을 정당하게 충족할 기회가 잘 주어지지 않는다. 아이들은 어른들로부터, 집안의 분위기로부터 "밥 먹고, 놀고, 공부하고 장난치는 일"과 "성에 관한 어떤 것"은 엄연하게 구별되는, 말로 꺼내면 안 되는 일이라는 고상한 듯한 교육을 받게 된다. 그것은 남자아이나 여자아이나 다 그렇다. 가정에서는 대화하기 어려운 주제이며, 아이들은 물어보지 않고 혼자 알아내야 한다고 생각하게 된다. 그래서 아이들은 아이들끼리 뭔가를 찾아 나선다. 그리고 초등학교 고학년 이후부터는 성에 관한 정보를 얻는 매우 주요한 통로는 친구들이 된다. 그렇다면 이러한 일은 자연스러운 성장 과정의 하나니까 굳이 신경 쓰지 않아도 되는 것일까? 사실 성폭력의 문제가 이곳에 숨어 있지 않다면 이것은 별일 아닌 것으로 치부하여 넘겨버릴 수도 있다. 그러나, 이러한 탐구와 장난 속에 숨어 있는 폭력성이 피해자가 되는 아동에게 엄청난 상처와 어려움을 줄 수 있다는 사실에 대해 생각해 보아야 한다. 그래서, 성폭력이란 가해자만의 문제도, 피해자만의 문제도 아닌 우리 사회 전체의 문화를 둘러싸고 일어나는 일인 것이다.

기분 나쁜 호기심

　초등학교 5학년 때 난 우리 반 부반장이었고 소위 "인기 있는 아이"에 속했다. 그 중에 날 유별나게 좋아했던 아이가 있었는데 그 아인 날 좋아한다고 떠들고 다녀서 모르는 사람이 없었다. 그러면서 나도 그 아이에게 관심이 갔다. 그 해 가을에 수학여행을 갔다. 자는 방이 넓은 편이어서 한 방에 10명 이상 잤는데 그 애가 있는 방만 유달리 작아서 3명이 쓰고 있었다. 그날 밤에 그 애와 방을 같이 쓰는 다른 2명의 남자애들이 나에게 할 말이 있다고 했다. 그 방 앞으로 갔을 때 그 애들이 날 방으로 밀어 넣고 문을 닫았다. 그 방엔 날 좋아하던 그 아이밖에 없었다. 난 나와 그 애를 놀리려고 그러는 줄 알고 나가려고 했는데 밖에서 그 애들이 문을 세게 밀고 있어서 나갈 수가 없었다. 그때 방안에 있던 그 애가 이리 오라고 불렀다. 그리고 날 당기더니 끌어안았다. 난 너무 놀랐지만 그때까진 차라리 괜찮았다. 그런데 그 애가 내 가슴을 만지기 시작했다. 기분 나쁜 것도 그렇지만 막 오르기 시작해서 손만 대도 너무 아파서 소리를 질렀다. 그리고 울었다. 내 소리에 밖에 있던 그 아이들이 들어왔고 난 밖으로 뛰어나갔다. 그 다음부턴 잘 기억나지 않지만 그날 이후 난 졸업할 때까지 그 애와 말 한마디 안하고 쳐다보지도 않았다. 다른 애들이 왜 그러느냐고 그러면 그냥 싸웠다고 하며 넘겼다. 그때 그 앤 왜 그랬을까? 아무리 호기심이 많은 때이지만 지금 생각해도 기분이 나쁘다. 그 애 아직도 그 일을 기억하고 있을까?

　초등학교 때에 흔하게 일어나는 일이다. 특히 사춘기에 접어드는 남자아이들은 호기심으로 인해 여자아이들의 치마를 들춘다거나, 가슴을 만져 본다거나 하는 장난을 친다. 이성의 몸이 어떻게 생겼는지, 정말로 나와 다른지, 만지면 그 느낌은 어떤지… 이성에 관한 호기심은 대화의 주된 내용이며, 그것을 실험하기 위한 일들이 감행된다. 그런데, 아이들의 장난 속에서 주로 가해자는 남자아이들이 되며, 여자아이들은 주로 피해자의 입장이 된다. 남자아이들은 사회 전반적으로 흐르고 있는 남아 선호 사상이나 남녀 차별적 사고에 자연스럽게 영향을 받아왔을 뿐 아니라 성에 관해서, 특히 여자애들을 성적 실험의 대상으로 삼는 것에 대해 특별한 저항감을 갖지 않는 경우도 많이 있다. 어찌 보면 자기가 좋아하는 여자를 마음껏 어떻게 해볼 수 있다는 남성 중심의 사고 방식이 이미 학습되고 있음을 이 짧은 예에서 볼 수 있다.

이해하기 힘든 남동생

나에게는 남동생이 한 명 있어요. 일년 전 내가 고1 때 동생은 중2였어요. 동생은 한참 사춘기를 겪을 때라 멋도 많이 내고 거울도 자주 보더라구요. 여느 때와 마찬가지로 저는 12시 좀 넘어서 잠자리에 들었죠. 그 뒤로 한참 시간이 흐른 것 같은데 확실히 기억은 나지 않지만 잠결에 누군가 내 옆에 누워 있는 것 같았어요. 숨소리는 거칠었고 그 사람은 바로 내 가슴을 만지고 있었죠. 그 사람은 다름 아닌 내 남동생이었죠. 순간 정신이 없고 어떻게 해야 할지 몰랐어요. 아무리 사춘기 때라 성에 대해 궁금하다고 하지만 어떻게 이럴 수가… 내가 소리치면 동생이 놀라고 창피해서 이상해지면 어떻게 하지? 짧은 시간에 여러 생각을 했어요. 그래서 내가 뒤척이니까 동생이 얼른 손을 치우더라구요. 난 옆으로 돌아누웠고. 동생은 또다시 나의 가슴을 만졌어요. 정말 미칠 것 같더군요. 얼마지나 동생이 나가고 난 그 뒤로 한숨도 잘 수가 없었어요. 남자 거친 숨소리를 잊지 못하겠어요. 그 다음날… 아침 동생 얼굴을 어떻게 볼까 걱정이 되었어요. 난 동생 얼굴 보기가 거북했는데 동생은 아무 일 없었다는 듯이 대하더군요. 농담도 하고 장난도 치면서… 난 그런 동생이 더 미웠죠. 동생을 이해하려고 많은 노력을 했지만 얼마 동안은 너무 힘들었어요.

이번에는 남동생의 이야기이다. 사춘기를 맞은 남동생의 대담한 행동은 누나에게 당혹감을 불러일으킨다. 또한 고2의 여자인 누나는 이질적인 남자로서의 동생에게 대항하지 못하고, 무엇인가 위협적인 기분과 함께 무력감을 느낀다. 물론 굉장히 친한 남매 사이 같으면 그 상황에서 일어나서 행동을 저지시키고 불쾌감을 표현하겠지만, 그렇지 않은 경우에는 쉽지 않은 일이다. 우리 사회에서 성에 대한 문화는 남성이 주도권을 잡는 것으로 되어 있고, 여성들은 가능하면 어떤 방식으로라도 반응하지 않고 참거나, 견디는 식의 소극적 방식을 채택해 왔기 때문이다. 따라서 성에 관한 주제에 대해 자신의 생각을 정당하게 이야기하는 것이 설령 동생이라도 쉽지 않다. 동생 또한 남성으로서 여성에 대한 무례한 행동에 대해 특별히 주의를 기울이지 않는다. 그러한 일이 있고 다음날 아무렇지도 않은 듯, 아무 일도 없었던 듯이 행동함으로써 자신의 행동을 정당화시키는 폭력성이 숨어 있다. 많은 경우 여성들은 비록 청소년이든, 또는 성인이든 간에 성에 관한 문제에 대해서 대항하지 못하는 무력감을 느껴왔던 것이 사실이다.

아이들도 따라한다?

난 고1 때 버스에서 성희롱이라 할까? 그런 걸 당했다. 참 웃겼다. 난 그때 무섭지도 않았고 기분이 나쁘지도 않았다. 그 이유는 나의 엉덩이와 허벅지를 더듬었던 사람은 초등학교 6학년 정도로 보이는 어린 남학생이었기 때문이다. 미키마우스 가방에 도시락 가방을 앙증맞게 들고 있었고 집에 가면 부모님의 사랑을 듬뿍 받을 나이에 어쩜 그럴 수 있었는지 난 참 이 사회가 증오스럽게 보인다. 어린 학생까지 그 더러운 사회에 물들어 가고 있다니… 난 그 아이가 날 확실히 만지고 있다는 걸 느끼고 그 아이 머리통을 세게 때렸다. 그 아이는 창피한 듯 나를 피했다. 참 어이없었다. 내 생각에는 TV에서 그런 장면들을 보고 호기심으로 따라 한 것이 아닐까 하는 결론을 얻었다.

아이들은 어른들이 하는 행동을 무심코 모방해 보곤 한다. 무심코가 아니라 의도를 가지고 하는 경우도 있지만, 그것이 어떠한 영향을 주는 일인지에 대해서는 정확히 모르는 경우도 많이 있다. 예를 들어 도벽이 있는 아이들은 처음에 무심코 집안의 돈을 엄마에게 얘기하지 않고 슬쩍 훔쳐보았는데, 들키지 않았다면 그것이 성공의 경험이 되어서 계속적으로 "돈 훔치는 행동"이 지속된다. 그리고는 나중에는 습관이 되어서 머리로는 알아도 행동이 변화되고 교정되는 데에는 상당한 시간이 걸리곤 한다. 성에 관한 행동도 마찬가지이다. 조그만 아이가 몰래 누군가의 엉덩이를 슬쩍 만지면 기분이 좋다는 것을 알았을 것이고, TV에서 보았건, 아니면 버스 안에서 직접 다른 사람이 하는 행동을 보게 되었건, 이런 행동을 하면 당하는 여성 쪽에서 어쩔 줄 몰라하는 것도 알게 되었을 것이다. 그 후에는 상대가 누구이

건 간에, 고등학교 누나이건 아주머니이건 간에 "한번 만져보고 싶다"는 자신의 욕망에만 충실하도록 만든다. 어쩌면 이 사회가 증오스럽다고 써놓은 여학생의 고백처럼 어린 남자아이들조차도 어른들의 "성을 즐기는 방식"을 답습하고 있다.

한 남자 대학생의 고백

아직까지 난 제대로 된 성교육을 받아 보지 못하였다. 그렇기 때문에 어릴 적 성에 대한 호기심을 풀기 위해선 학교에서 돌아다니던 잡지나 테이프를 볼 수밖에 없었고 그 결과 점점 성이란 것에 대한 환상이나 상상은 커 갔던 것 같다. 초등학교 2학년 때의 일이다. 여름이었다. 사촌 여동생과 그 애의 친구 나와 내 친구. 이렇게 넷이서 술래잡기 비슷한 형태의 놀이를 하게 되었다. 그러던 중 나와 내 친구는 범인을 검거하는 형사가 되고 동생들은 범인이 되어 돌아다니던 중 우리들은 그 애들을 체포하게 되었다. 호기심에 또 장난삼아 그 애들을 달래고 또 달래서 아이들의 옷 속에 감추어진 것들에 대한 호기심을 풀기 위해서 옷을 벗겼다. 결국 그런 환상이나 상상들의 모든 것은 다행히 쉽게 깨졌고 미안하다는 말과 함께 집으로 돌려보낸 적이 있다.

이렇듯 남자아이들은 여자아이들로부터 성적 호기심을 충족해 본다. 그러한 과정에서 아이들은 상대방의 인격을 무시하게 되고, 한편으로 좀더 나이가 많거나, 힘이 세다는 이유로 폭력성을 드러내기도 한다. 장난은 강제적으로 진행되고 급기야는 피해자에게 큰 신체적, 심리적 상처를 입히게 된다. 무엇이 잘못된 것일까? 첫째는 우리 사회가 건전하고 열려 있는 태도로 성에 대해 알아 가는 과정이 아주

어릴 때부터 봉쇄되어 있다는 점을 지적하고 싶고, 두번째는 남성에게는 성적 호기심과 욕구의 충족을 위해 여성을 대상화하여 이용할 수 있다는 생각이 깔려 있다는 점이다. 그래서 남녀는 어려서부터 성에 대해 다른 방식으로 사회화되어 가고, 성인이 되어서는 그 결과가 더 극명하게 나타난다.

1999년 성폭력 범죄자의 60%가 미성년자인 중고등학교 남학생이었다. 보통의 남자 청소년들도 전체의 40% 정도가 버스나 공공 장소에서 여자를 만져본 경험이 있다고 한다. 이 청소년들은 어느 대학생의 고백처럼 그저 한번의 호기심과 재미로 한 일일 수도 있다. 한번 실제로 성추행을 해보았다가 그게 성공한 경우에 그것이 강화되면서 계속 해보게 되고, 또 다시는 이러한 일을 하면 안 되겠다고 생각하면서 멈춘 아이들도 있을 것이다. 그러나, 이러한 행동을 해본다는 것은 이미 사회적으로 성폭력적 행동이 상당히 허용되어 있다는 사실을 반영한다.

성폭력에 대한 교육은 피해자가 될 위험이 많은 여학생들에게뿐 아니라 가해자의 입장에 자주 서게 되는 남학생들에게 먼저 이루어져야 한다. 남성은 성적 욕구를 충족시키기 위해 무엇이든 해도 된다라는 생각을 갖지 못하도록, 본인의 욕구를 충족하기 위한 행동이 피해자에게는 죽음을 부를 수도 있을 만큼 심각한 영향을 줄 수 있는 행동이라는 점과, 남성 위주의 사고로 원하면 해도 된다는 식의 생각을 변화시키기 위하여 상대방의 인격에 손상을 주지 않고 존중해야 하는 필요성에 대해 교육이 필요한 것이다. 스포츠나 건강한 자위 행위 등 충동을 해소할 수 있는 적절한 방법을 알려줌으로써 성추행이나 폭력에 의한 해결을 절대 금할 수 있는 인격적 소양을 길러주는 것이 필요한 것이다. 성폭력이 성적 욕구 때문이라는 말은 성립될 수 없다. 성적 호기심이 있는 사람들이 누구나 성추행을 하는 것도 아니며, 우리가 아무리 배고파도 남의 돈을 훔치지 않는 것처럼 허용될 수 있다는 생각 자체를 바꾸어야 하는 것이다.

슈퍼맨의 비애 : 성기 노출

내 눈으로 본 충격적 장면

얼마 전 친구랑 서서 얘기하고 있는데 어떤 아저씨가 우리 틈에 끼여들 듯 서 있었다. 그래서 무슨 일인가 싶어서 쳐다봤더니 그 남자는 자신의 그것(성기)을 꺼내어 만지작거리고 있었다. 친구들에게 얘기는 들었지만 내 눈으로 목격한 적은 없어 잘 느끼지 못했는데… 정말… 충격적이었다. 너무 놀라 그 자리에 2~3초간 계속 서 있었다. 나중엔 너무나도 화가 났다. 솔직히 쫓아올까 두려워서 그냥 친구들과 피하고 와 버렸다.

개꼬리?

내가 초등학교 5학년 때 일이다. 어느 날 아침 학교에 가는데 갑자기 승용차 한 대가 내 옆에 섰다. 어떤 아저씨가 한 명 타고 있었는데 나에게 차 안에 있는 휴지 좀 집어 달라는 것이었다. 나는 의아해 하며 "왜요? 그냥 아저씨가 집으면 되잖아요"라고 했다. 아저씨는 자기는 집을 수 없다며 계속 나보고 집어 달라는 것이었다. 나는 그냥 집어 줄까 하고 그 아저씨를 쳐다보았다. 아까부터 그 아저씨는 무엇을 잡고 있었다. 난 별 생각 없이 그게 "개꼬리"인 줄 알았다. 그런데 다시 한번 쳐다보았을 때 그것이 "남자의 성기"라는 사실을 알게 되었다. 생각도 못했던 그런 일을 겪고 난 황당해졌다. 그래서 그냥 "싫어요" 하며 도망치듯 그 자리를 떠났다. 무엇인지 잘 몰랐지만 나쁜 일이라고 생각되었다. 물론 나쁜 일의 정확한 의미는 그땐 잘 몰랐었지만 말이다.

여학교 주변에서는 흔히 말하는 "슈퍼맨"(성기 노출을 하고 다니는 남성들을 일컫는 속어)들을 자주 볼 수 있다. 그 사람이 나타나면 여학생들은 "으악" 하고 경악을 하고 달아나곤 한다. 무지무지 용기 있는 여자아이들만 "비켜!" "에이 재수 없어" 하고 넘어갔지만 대부분의 아이들은 당황해하며 그 자리를 벗어난다. 성기 노출은 성추행의 하나이며, 이들을 일컬어 이른바 "성기 노출증"을 가지고 있다고 말한다. 자신의 신체 일부를 낯선 사람에게 보여줌으로 성적인 흥분에 도달하고자 하는 목적으로 공공 장소에서 성기를 노출시키는 일은 병적 노출증이라 할 수 있다. 물론 여성이든 남성이든 여름에는 노출이 심한 옷을 입고 다니기도 한다. 그렇지만, 그러한 경우에는 노출 자체가 자신의 성적 흥분을 목적으로 하는 것은 아니다. 일반적으로 성기를 노출하는 남성들은 상대방 여성이나 아동들이 자신의 노출을 보고 놀라고 싫어하고 도피하는 반응을 보일 때 더욱 성적인 흥분과 만족을 경험한다. 노출자들은 대개 홀로 있는 여성이나 자신을 무시하기보다는 오히려 놀라고 당황해 하는 약해 보이는 아이들 앞에서 이러한 행동을 쉽게 하며 자신의 힘을 행사하게 된다. 그래서 가장 많이 표적이 되는 것이 여학생이어서, 여학교 주위에서 그런 상황을 쉽

게 찾아볼 수 있다. 따라서 성기 노출자를 만났을 때 당황하거나 두려워하지 말고 과감하게 무시해 버리는 것이 한 가지 대처 방법이 될수 있다. 성기 노출자들은 대부분 소극적 성격을 가지고 있으며, 타인과의 대인 관계에 어려움을 갖는 수동적인 사람인 경우가 많다. 실제적으로도 성적 능력이 정상인들에 비해 훨씬 열등하며 성행위를 두려워하는 병적인 원인이 존재한다고 한다. 이러한 행동은 행동 발달의 관점에서 본다면 아동기에 머물러 있는 것과 같다. 아동기에 자신의 성적인 능력을 최대로 과시할 수 있는 행동은 성기를 밖으로 보여주는 일이기 때문이다. 그 이상의 방법은 잘 모른 채, 심리적으로 미성숙하게 되어 고착되었다고 볼 수도 있다. 그렇다고 해서 모든 사람들이 그렇게 행동하는 것은 아니다. 그리고 그들이 그저 보여주는 데에만 그치는 것이 아니라 더 심한 폭력성을 드러내므로 문제가 된다.

산에서 만난 아저씨

내가 초등학교 1학년 때 일이다. 친구하고 학교 뒷산을 넘어 집으로 가기로 했다. 산길을 따라 올라갔다. 꽤 높은 곳에 우리는 서 있었다. 아래를 내려다보니 배드민턴 장이 보였다. 우리는 배드민턴 장을 향해 내려갔다. 거의 다 내려왔을 때 뒤에서 어떤 아저씨가 우리를 불렀다. 우리는 겁이 났다. 그 아저씨는 거기서 뭐하냐고 빨리 올라오라고 소리쳤다. 주위는 온통 나무로 둘러싸여 있어 무시무시했다. 우리는 순간 무서움을 느끼고 아저씨를 향해 올라갔다. 그 아저씨는 매우 말랐고 흰머리의 주변머리였다. 우리는 가만히 서 있었다. 아저씨는 바지 지퍼 사이로 그것을 꺼내 놓고 있었다. 하지만 아저씨 앞에 한참을 서 있으면서도 우리는 그것을 보지 못했다. 갑자기 그 아저씨가 손으로 바지 앞에 무언가를 만지작거렸다. 나는 그 순간 그것을 쳐다보았고 아저씨는 나보고 그것을 빨라고 했다. 나는 무서워서 시키는 대로 그것을 빨았다. 아무 느낌이 없었고 한참을 빨다가 이상한 맛이 느껴지면서 누런 액체가 흘러 나왔다. 나는 그 순간 입을 뗐다. 계속 흘러내렸고 나와 친구는 도망치듯 산을 내려왔다. 나는 입안이 찝찝했다. 계속 침을 뱉었다. 우리는 이상한 느낌이 들었고 뭔가 온몸이 찝찝하다는 걸 느꼈다. 그때는 너무 어렸고, 너무 순진했기 때문에 걸려든 일인 것 같다. 그래서 지금도 산에서 비슷한 아저씨를 보면 이때 생각이 나 구역질을 한다.

성기 노출에서 더 나아가 강제적인 성폭력이 일어난 사례이다. 성기 노출자는 자신의 성기를 보여 주는 것에서 만족하지 못하고 더 나아가 성기를 만지게 한다거나, 빨게 한다거나 하는 좀더 가혹한 성폭력을 강요하게 되며, 특히 이러한 일의 희생자들은 힘없는 아동인 경우가 너무나 많다.

버스 안에서 생긴 일

내 자신에게 감사

버스 안에서 내가 서 있었는데 술이 취한 아저씨가 내 옆을 말을 걸며 지나가다 엉덩이 쪽으로 손이 갔다. 난 순간 손이 닿기도 전에 소름이 끼쳐 그 아저씨의 손을 때렸다. 순간적인 방어여서 그 아저씨도 놀라며 빨리 나의 시선을 피했다. 마음 같아선 죽이고 싶을 정도로 재수가 없었다. 하지만 내 자신에게 감사를 하며 마음을 가라앉혔다.

떨리고 무서운 날

어렸을 때부터 우리 엄만 우스개 소리로 언니랑 나에게 만약 남자가 달려들면 무조건 물거나 발로 차라고 이야기 해주셨다. 고1 때 야간자율학습을 마치고 집에 가려고 횡단보도에 서 있는데 뒤에서 어떤 아저씨가 안은 일이 있었다. 그날은 건널목에 나 혼자만 서 있었다. 어찌나 놀랐는지 그 아저씨 손을 물고 놓을 줄 몰랐다. 한참 후 놓고 무조건 달려서 집으로 왔는데 얼마나 떨리고 무섭던지 그날밤 울다 지쳐 잠이 들었던 것 같다.

버스 안에서 이런 일을 한번 당하고 나면 여학생들은 그 이후로 자꾸만 버스를 타면 불안한 마음으로 식은땀을 흘리고, 누군가가 가까이 닿는 느낌만 들어도 온몸에 소름이 쫙 끼치게 된다. 상당히 불쾌한 일이 아닐 수 없다. 그 불쾌감은 단지 내 몸에 누군가가 손을 대었기 때문이라기보다는 내 몸의 주체인 나에게 허락 없이, 그것도 타인의 욕구를 채우기 위해서 내가 마치 하나의 도구처럼 쓰여졌다는 것에 대한 분노이다. 나아가 인격에 대한 모독이기 때문에 그렇다.

아쉽게 세상을 떠난 언니

내가 중3 때 일이다. 어느 날 우리 중학교 위 고등학교 어떤 언니가 심한 충격으로 뇌가 터져 죽었다는 얘기를 들었다. 그 얘기를 듣고 너무 슬펐고 놀랐는데, 무엇에 충격을 받고 죽었는지 이유를 알았을 때는 더욱 당황했다. 그 언니는 고3으로 공부도 꽤 잘했고, 얼굴도 귀여운 편이었다. 그런데, 밤에 야자를 마치고 집에 가는데 어떤 교복 입은 남학생이 오더니 가슴을 만지고 도망갔다고 한다. 그러자 그 언니는 거의 기절한 상태로 집에 갔고 병원까지 옮겨지게 되었는데, 그런 일이 있은 뒤로 하루가 지나지도 못해서 죽었다고 한다. 너무 놀랐다. 아이들은 "얼마나 충격이 컸으면…" 이러면서 불쌍하다고 했는데 어떤 애들은 웃긴다고도 했다. "앞으로 살아가려면 많은 일도 겪게 되고 그럴 텐데 그깐 일로 죽다니…" 이런 식이었다. 그러나, 나는 우습다는 애들이 도무지 이해가 가지 않는다. 물론 그까짓 일은 아니지만 앞으로 세상을 살아가려면 어렵고, 그런 일들을 겪을지도 모르는데 마음이 좀더 강했다면 충격을 덜 받았을 테고 그 언니처럼 충격으로 죽거나 그러진 않을 테니까 말이다. 나는 강하지는 못했지만, 아쉽게 세상을 떠나간 언니의 편이 되고 싶다.

일상 생활에서 어떠한 충격을 받았을 때에 모든 사람들이 똑같은 반응을 하는 것은 아니다. 성추행에 대해서도 어떤 사람들은 툭툭 털고 일어나지만, 또 어떤 경우에는 충격으로 죽거나 자살하는 경우도 흔히 있다. 그것은 사람마다 아마도 그 충격을 받아들이는 정도가 틀리며, 그러한 상황에 대한 대처 능력의 정도가 다르기 때문일 것이다. 그래서 위기에 대한 충격 정도는 매우 주관적이다. 물론 위의 사례와 같은 경우는 자신이 성에 대해 가지고 있었던 생각과 경험 사이에 너무 괴리감이 컸다거나, 다른 일들로 인해서 정서적으로 매우 긴장된 상태에 있었는데, 때마침 일어난 일로 심한 충격을 받았는지도 모른다. 그러나, 성추행은 이렇듯이 엄청난 결과를 초래할 수 있는 일인 것이다. 어떤 사람들은 그저 "가슴 한번 만진 것"이 그렇게 충격적인 일인가라는 식으로 반문할 수도 있지만, 그것은 객관적으로 "가슴 한번 만진 것"으로 평가해야 하는 문제가 아니라 그 여학생이 경험하기에는 강간을 당한 것만큼 충격적이고 엄청난 일일 수 있다. 그런 의미에서 행동의 경중을 떠나 성폭력은 한 사람을 절망의 나락으로 빠뜨릴 수도 있는 아주 좋지 않은 일이란 것을 기억해야 할 것이다.

그럼에도 불구하고 성추행은 매우 흔한 일이다. 우리 시대의 많은 여성들에게 "성추행 안 당해 본 사람 나와 보라고 해!" 하면 아무도 없을 만큼 성추행은 공공연하게 일어났다. 그 동안 여성들은 대개 무력감을 가진 채 그것에 대해 대항도 하지 못하고 그저 불쾌한 일이니 피할 수밖에 없다고 생각해 왔다. 그러한 성추행의 문제에 대해 경각심을 일으키도록 사회적인 역할을 하게 된 결정적 사건이 있었는데, 이는 1993년에 있었던 "S대 우조교 사건"이었다. 이를 계기로 많은 여성 단체들이 힘을 합하여 직장내 성희롱의 문제와, 지하철, 버스 등 공공 장소에서의 성추행에 대한 의견을 모았으며, 그 결과 성희롱 또는 성추행은 법적으로 제재되어야 마땅한 일로 인식되었고, 성추행을 방지하기 위한 법안이 통과되는 성과를 낳았다. 성추행은 상대방의 명예훼손이나 모욕죄, 또는 성폭력특별법 13조에 의한 "대중 교통 수단, 공연·집회 장소 기타 공중이 밀집하는 장소에서 추행한 자는 1년 이하의 징역 또는 300만 원 이하의 벌금에 처한다"는 법의 저촉을 받는 행위이다. 직장내 성희롱의 경우에는 99년에 제정된 남녀 차별 금지법과 남녀 고용 평등법의 저촉을 받는 행위로서 직장뿐 아니라 공공 기관, 학교까지 그 범위가 포함되어 있다.

그렇다면 법적인 처벌 이외에 우리는 개인적 차원에서 이러한 성추행에 대해 어떻게 대처해야 할 것인가? 성추행으로부터 효과적으로 대처하고자 한다면 우리는 친절한 느낌을 주는 행동과 지나치게 친절한 행동, 그리고 불쾌함을 동반하는 행동을 구별할 필요가 있다. 그것을 구별하는 것은 자신의 느낌과 직관력이다. 얼른 보면 칭찬처럼 들릴 수 있는 말도 지나치면 희롱이 될 수도 있다. 마찬가지로 누군가가 당신에게 손을 대거나 그의 팔을 당신 어깨에 두르는 것에 대해 "싫다", "뭔지 이상하다"고 느낀다면 거절의 표현을 해야 한다. 상대에게 그런 말과 행동은 내가 당황스러우니 하지 말아 달라고 이야기해야 한다. 그런데, 사실 우리 사회의 성문화 맥락에서 볼 때 이는 쉽지 않은 일이다. 왜냐하면 많은 남성들이 여성의 "NO"를 있는 그대로 받아들이지 않기 때문이다. 남성들은 "에이… 좋으면서 괜히 내숭이야…"라고 생각하거나, 상대방이 진심으로 싫어한다고 생각지 않는 경우도 있다. 상당히 남성 중심적으로 사고한다. 그래서 상대방의 의견을 받아들이기보다는 자기 좋은 대로 해석하는 경우가 있다. 그러므로 거절을 할 때에는 내용에 어울리는 태도를 취하는 것이 좋다. 실제로는 말의 위력보다 비언어적 행동이 더 많은 메시지를 상대에게 전달해 주기 때문이다. 그런 이야기는 엄격한 분위기로 단호하게 말해야 한다. 설령 상대가 나보다 나이가 훨씬 많은 어른이라 하더라도 말이다. 우리 각자는 눈으로는 보이지 않지만 자신만의 공간과 경계선을 필요로 한다. 그 경계선은 자기만의 물리적, 심리적 공간이며, 눈에는 보이지 않지만 누구든지 무례하게 경계선 안으로 훌쩍 들어오면 무엇인가 침해를 당한 느낌이 들면서 화가 나게 된다. 그렇기 때문에 자신이 침해당한다고 느낄 때에 끌려가기보다는 적극적으로 "싫음"을 표현하는 것이 올바른 의사 소통이며, 궁극적으로는 인간 관계에 도움이 된다. 성추행의 경우에도 우선적으로 성추행의 위험이 있다고 지각되는 상황, 언어적인 추행이 조금이라도 시작된 상황에서 적극적으로 행동을 저지시키거나, 자리를 피하거나 해서 예견된 일 이전에 해결을 시도하는 것이 도움이 된다. 그렇게 할 때에 가벼운 성추행의 행동을 허용하는 문화가 많이 사라질 것이다.

이런 사람은 조심하세요

- 자신의 감정을 잘 드러내지 않는 사람
- 쌍스런 욕과 과격한 행동을 자주 하는 사람. 여성에 대한 부정적 발언을 자주 하며, 천한 말을 사용하고, 통명스럽게 말하는 사람
- "건장한 사나이"(터프가이)처럼 행동하며 용맹스러움을 과장되게 설명하고 표현하는 사람
- 화를 잘 내며, 폭력(때린다든지, 팔을 붙잡는 행위 등)을 자주 사용하는 사람
- 여성을 지나치게 소유하려 하고 질투심이 강한 사람
- 공공 장소에서 몸을 지나치게 밀착시키고, 손을 허벅지 위에 얹는 등 성적 행동을 유도하는 사람
- 여성이 원하는 것을 무시하는 사람
- 여성을 정숙한 여성과 성적인 여성으로 이분화하여 여성의 순결함이나 고결함을 강조하는 반면 그렇지 않게 보이는 여성을 함부로 대하는 사람
- 여성이 "싫어요"라고 말하면 더 공격적이고 적대적으로 행동하는 사람
- 모임이나 술자리에서 아주 친근하게 행동하며, 다른 친구들로부터 여성을 떼어놓으려고 애쓰는 사람
- 처음 만나서 단 둘이 있기만을 고집하는 사람
- 부적절한 상황(예배 시간, 수업 시간 등)에서 여성의 관심과 순종을 요구하는 사람
- 사적인 질문을 자주하며 여성이 말하는 것보다 더 많은 것을 알기 원하는 사람
- 남자는 여자의 하늘이고 반드시 여자는 남자에게 복종해야 하는 식의 전통적인 여성상과 남성상에 지나치게 집착하는 사람

자료 제공 : 한국 성폭력 상담소, 「성폭력에 대해 알아야 할 몇 가지들 : 예방과 대책」(1998)

내가 아주 어렸을 적에

지금도 무섭고 불안하다

쓰다 보니 잊으려 했던 일이 떠오른다. 이건 이제까지 아무에게도 말을 하지 않은 사실이다. 엄마도 모른다. 유치원? 1학년? 때였을 것이다. 시골에서 올라와서 그랬는지 아니면 원래 좀 멍청했었는지… 속에 담아두기엔 너무 아파서 꺼낸다. 그럼 마음에 짐이 좀 덜어질 것 같아서… 할 일이 없이 그냥 나와서 놀고 있었다. 옆에서 어떤 오빠가 자기하고 어딜 놀러가자고 했다. 말을 들은 내 친구들은 다 싫다고 했다. 난 서울애같이 약삭빠르지만은 않았나 보다. 가자고 해서 그 오빠하고 나하고 돌아다녔다. 그런데 이상한 건 그 오빠가 (난 그때 아파트에서 살았다) 아파트 동 동마다 지하실을 보여주면서 "여기가 좋아? 여기는?" 하고 묻는 거였다. 몇 번 돌다 지친 나는 아무 곳이나 좋다고 하면서 어떤 동 밑으로 내려갔다. 거기엔 여러 사람이 앉을 수 있는 큰 마루 같은 것이 있었는데 그 오빠가 나더러 거기에 누우라고 했다. 왠지 무서워진 나는 고분고분 누웠다. 그런데 오빠가 바지를 밑으로 내리더니 내 바지도 밑으로 내렸다. 그러면서 한참을 내… 그곳을 만졌다. 그러더니 나더러 자

43

기도 만지라는 것이었다. 너무 무서웠다. 그때 이미 나는 울고 있었다. 소리도 못 내고… 나도 그 오빠의… 만졌다. 너무 싫었다. 한참을 더 그러더니 문득 내 눈을 보고 왜 우냐고, 무섭냐고 했다. 난… 아무 말도 못 하다가 집에 가고 싶다고 했다. 그 오빠가 그러면 가라고 했다. 그 오빠의 맘이 바뀔까봐 난 바지를 추켜 입고 얼른 뛰어나왔다. 그 오빤 한 초등6? 중1? 모르겠다. 얼굴도, 목소리도, 키도 생각이 안 난다. 그냥 그런 말을 했었다는 것. 그리고 청바지를 입었다는 것…나오니까 어둑어둑했다. 집으로 갔더니 아파트 밑에 엄마가 기다리고 있었다. 어디 있었냐고 물으셔서 친구네 집에 갔다 왔다고 그렇게 그냥 대답했다. 거기까지였으면 그냥 기억만 하고 말았을 텐데, 한참 뒤에 이사온 뒤, 중2 때쯤이었을 거다. 엄마가 "그때 그 동네에서 꼬마 애들 성폭행 많이 당했다더라" 아무렇지 않게 말씀하신 말이 가시가 되어 마음에 박혔다. 혹시 그때 그것이 성폭행이 아니었을까! 불안하다. 그리고 무서웠다. 지금도…

  어린이 성폭력은 그 심각성뿐 아니라 그 피해 사실이 잘 알려져 있지 않았다. 그러나, 여성에 대한 성폭력의 한 차원으로 생각하던 것에서부터 아동을 하나의 인격체로 받아들이고 아동의 인권을 보호하고 존중해야 한다는 생각들이 일어난 것은 미국의 경우에도 70년대에 들어서였고, 그 후 아동 성학대에 대한 관심이 급격히 높아져 왔다. 우리 나라의 경우에는 나이가 많은 사람들을 더 존중하며, 어린이들을 독특한 인격체로 받아들이고 그들의 권리를 인정하지 않는 문화가 존재하고 있어서 아동의 인권에 대한 관심이 별로 크지 않았다. "내 자식 내 맘대로 한다"는 사고 방석으로 인해 아동들이 성학대뿐 아니라 가정 안에서 폭력의 희생자가 되는 일이 매우 심각함에도 불구하고 이를 제재하기 위한 노력은 겨우 1∼2년 전부터 조금씩 이루어지고 있는 상태이다.

우리 나라에서 아동기의 성폭력 경험이 얼마나 크나큰 상처를 남기는가를 알려 주고 사회적 관심을 불러일으킨 사건이 있었다. 1991년 "김부남 사건"은 전북 남원에 살던 31세의 김부남 씨가 9세의 어린 나이에 35세의 이웃 아저씨에게 강간을 당하고 그 사실을 아무에게도 말하지 못한 채 살아오다가 22년이 지난 후 가해자를 살해한 사건이었다. 김부남 씨는 어린 시절에 성폭행을 당한 이후 첫번째 결혼이 파경에 이르고, 정신 질환에 시달렸던 것으로 밝혀졌다. 이 사건을 계기로 성폭력 문제는 인권에 대한 문제로 대두되었다.

성폭력 특별법에서는 13세 미만의 미성년자에 대한 강간의 경우에는 5년 이상의 유기 징역이, 성욕의 흥분, 자극 또는 만족을 목적으로 성적 수치심이나 혐오감을 느끼게 하는 강제 추행의 경우에는 1년 이상의 유기 징역 또는 벌금형이 주어진다. 특히 그 피해자가 13세 미만의 미성년자인 경우에는 강제 추행에 동의를 하였다 하더라도 범죄로 간주된다. 그러나, 성폭력 범죄는 특수 강도 강간·특수 강간·친족 관계에 의한 간음·장애인에 대한 간음·강간 등 상해, 치상, 강간 등 살인, 치사 등을 제외하고는 피해자가 직접 고소하거나 신고하여야 하는 친고죄로 이루어져 있다. 13세 미만의 경우에는 보호자가 고소권을 가지고 있다. 고소는 성폭력 범죄가 일어난 1년 이내에 고소할 수 있다. 또한, 18세 미만의 사람을 보호하거나 교육 또는 치료하는 시설의 책임자 및 관련 종사자는 자기의 보호 또는 감독을 받는 사람이 비친고죄에 해당하는 성폭력 범죄의 피해자인 사실을 안

때는 즉시 수사 기관에 신고하여야 한다. 그러나, 신고 의무화의 규정은 있으나, 실제로 신고를 하지 않아도 제재 규정이 없으므로 엄격한 의미에서 어린이 성폭력을 막지 못하고 있는 실정이다.

징그러운 아저씨

초등학교 5학년 여름방학 외가댁에 갔을 때의 일이다. 우리 외가댁은 공장을 하고 있었고 난 여름방학이면 거의 반을 그곳에 있었다. 난 사람을 잘 따르는 편이었고 아저씨들도 그런 나를 많이 귀여워 해주셨다. 그 중 한 명의 아저씨와는 특히 친한 편이었다. 그 집에는 딸이 있고. 그 애 엄마도 일을 하셨기 때문에 내가 7살쯤 된 아이랑 자주 놀아주었다. 그 날도 아줌마의 부탁으로 그 애의 집에서 놀고 있었다. 그날 아줌마는 못 돌아오실 거라고 아저씨 올 때까지 봐달라고 하셨다. 아저씨는 늦게서야 돌아오셨고 목욕을 할 테니 아이를 조금만 더 봐달라고 하셨다. 목욕을 하다가 아저씨는 나를 부르셨다. 등을 밀어달라고… 난 너무 징그럽고 싫어서 싫다고 했다. 아저씬 불을 꺼줄 테니 부탁한다고 하셨다. 말이 부탁이지 협박(?)이었다. 집이 부엌 달린 단칸방이었고 아저씬 부엌에서 목욕을 하셨는데 그 부엌을 거치지 않고는 집에 갈 수 없었고 아저씨는 내가 등을 밀어주기 전에는 나올 수 없다고 말씀하셨다. 난 할 수 없이 나왔고 아저씨는 불을 끄셨고 내가 등에 손을 대는 순간 아저씬 고개를 돌려 나의 입술과 부딪혔고 아저씬 내 입을 열려 했다. 나는 무서워서 발로 아저씨를 차고 뛰쳐나왔다.

어떨 때에는 우리가 아무리 과감하게 그 상황을 모면해 보고자 하지만 길이 없는 것처럼 여겨지는 때가 있다. 주위에 나를 도와줄 만한 사람이 아무도 없다거나 너무나 무섭고 위협적이라 조금이라도 거역하면 금방이라도 어떻게 될 것 같은 상황이 있다. 아마도 등을 밀어달라고 한 아저씨의 부탁을 받는 순간 그러한 심정이 되었을 것이다. 이는 시간이 지나면서 더 큰 혼란으로 찾아온다. 어른들에 대한 믿지 못할 심정, 성에 관한 거부감, 그리고 잘못이 없는데도 불구하고 왠지 내가 뭔가 잘못한 것 같은, 잘못 되어 가는 것 같은 느낌을 갖게 된다. 그러나, 그러한 느낌들이 한동안 우리를 지배하는 것들은 지극히 정상적인 일이다. 그것은 누구든지 그러한 상황을 경험하고 나면 겪게 되는 감정들이기 때문이다.

삼촌이 시킨 이상한 짓

내가 5살 때쯤인 것 같다. 그때 우리집엔 막내 외삼촌과 외할머니가 함께 살고 있었다. 오후 2시쯤이었던가? 시간 아니 때가 기억나는 것은 마당에 비치는 햇빛이 참 따뜻했다는 느낌을 가졌기 때문인 것 같다. 난 마당에서 화분에 물을 주면서 놀고 있었다. 그때 삼촌이 날 불렀다. 그땐 아무것도 모르는 철부지였던 난. (솔직히 5살짜리 꼬맹이가 뭘 알겠냐 말이다) 삼촌이 불러주는 게 괜히 반가웠던 것 같다. 삼촌은 날 보면서 500원 줄 테니까 삼촌이랑 재미있는 걸 하자고 했다. 그때 500원은 5살 꼬마에겐 무척 큰 돈이었다. 아주 맛있는 과자나 아이스크림이 50원, 100원이었으니까 말이다. 난 알겠다고 하면서 그 돈을 손에 꼭 쥐었다. 삼촌은 방으로 가자고 했다. 난 따라갔고 삼촌은 나보고 삼촌 성기를 빨라고 했다. 난 그때 별 생각이 없었던 것 같다. "돈을 받았으니까"라는 생각을 했나 보다. 그래서 시키는 대로 했다. 지금 생각나는 건 삼촌이 날 안 보이게 하려고 이불로 덮었다는 것이다. 그리고 어린 나이에 더럽다는 건 느꼈는지 침을 삼키지 않고 물고 있었다는 것. 시간이 1분~2분 지났을까? 할머니께서 날 찾는 소리가 어렴풋이 들렸다. 삼촌도 들었는지 나보고 빨리 가라고 했다. 그리곤 1,000원을 쥐어주면서 비밀이라고 하는 거다. 난 입에 문 침을 뱉고 싶어서 고개만 끄덕이고 재빨리 나왔다. 침을 뱉고 물로 막 헹구는데 언제 오셨는지 할머니가 옆에 서 계셨다. 어디 갔었냐는 물음에 삼촌 방이라고 하자 할머니께서 다신 삼촌이랑 같이 있지 말라고 하셨다. 그땐 고개만 끄덕였는데 지금 생각해보면 할머닌 삼촌이 좀 이상한 짓을 많이 한다는 걸 알고 계셨나 보다. 그 후 난 삼촌을 피해 다녔고, 삼촌도 날 피해 다니는 것 같았다. 그리고 몇 달 후 삼촌이 안 보였다. 삼촌은 아마 가출을 한 거 같다.

어린이 성폭력의 가해자는 의외로 잘 아는 사람인 경우가 많다. 한국 성폭력 상담소(1999)의 통계에 의하면 피해자의 75%가 친척오빠, 아는 아저씨 등 잘 알고 있는 대상에게 성폭력을 당하였다고 한다. 성폭력의 장소도 또한 자신의 집을 비롯하여, 친척집, 아는 이웃집 등에 혼자 방치되어 있는 경우에 성폭력이 일어나기 쉽다. 사실 그렇기 때문에 아이들은 성폭력 후에 그들이 아는 사람, 그리고 성폭력을 당한 장소 등에 대한 공포를 일으키게 된다. 한편으로는 자신들이 이 사실을 이야기하였을 때에 일어날 파급 효과 때문에 입을 더 꼭 다물기도 한다.

한편, 피해자뿐 아니라 가해자가 아동 또는 청소년인 경우가 많이 있다. 그런데, 현재 유치원이나 초등학교 등에서 일어나는 성추행의 문제에 대해서 가해 아동의 부모들은 "남자애가 장난으로 그럴 수도 있지"라는 식의 별일 아닌 일로 치부해 버리는 경우가 있다. 아이들끼리 장난하다 일어난 일 정도로 넘어가는 수도 많다. 물론 어른에 의해 성폭력을 당한 것에 비하면 그 피해 영향이 덜하다고 하지만, 어렸을 때부터 그냥 넘어가는 것은 폭력을 상당히 허용하는 태도를 키우므로 매우 위험한 일이 된다. 가해자에게도, 피해자에게도 치료적 접근뿐 아니라 적절한 성교육이 필요하다.

가해자도 미성년자의 경우에는 처벌의 측면보다는 교육의 측면을 더 고려하는 게 좋다. 현행법에서는 성폭력 범죄를 범한 자가 소년인 경우에는 반드시 보호 관찰을 명하고 있다. 따라서 일정 기간 동안 사회 봉사 또는 수강 명령을 받게 된다. 청소년 가해자를 그냥 방치하게 될 때에 이들은 더 큰 성폭력 범죄자가 될 가능성이 높고, 그렇기 때문에 어릴수록 예방 차원의 배려가 더 필요하다. 그들을 이미 성폭력 범죄자로 낙인찍기 이전에 성폭력 문화에 노출됨으로써 가해자가 된 피해자로 보는 것이 더 맞는 일이기 때문이다.

초등학교 4학년인 세원(가명)이는 아직도 '악몽'에서 깨어나지 못한다. 잠을 자다 갑자기 일어나 엉엉 운다. 혼자 밖으로 나가기를 겁내 하루종일 멍하니 방구석에 박혀 있기도 한다. 세원이는 지난 7월 학교를 마치고 집으로 돌아오는 길에 동네 오빠(중1)에게 강제로 성추행을 당할 뻔했다. 때마침 비명을 듣고 한 아주머니가 달려와 화를 면했다.

이런 딸을 보는 어머니는 마치 하늘이 무너진 것 같은 심정이다. 어린 딸의 장래를 망쳤다고 생각한다. 그런데도 가해 학생의 부모는 "별일 아니다"는 반응을 보인다. 이에 원망스런 마음도 든다. 이웃들이 이 일을 놓고 수군대는 것처럼 느껴져 얼굴 대하기도 꺼린다. 어머니는 고통을 참다못해 얼마 전 한 상담소로 전화를 걸었다.

한국 성폭력 상담소(소장 최영애)에는 요즘 어린아이들 사이에 벌어지는 강제적 성추행 사례에 대한 학부모 상담이 부쩍 늘고 있다. 올해 상반기 상담 사례 934건 가운데 13세 이하의 어린이가 피해자인 경우는 215건(23%)에 이른다. 상담소는 이런 피해자 중 30% 정도는 어린이에게 성폭행을 당한 경우일 것으로 추정한다. 상담소 책임 연구원 이경미 씨는 "초등학생뿐만 아니라 유치원에서 아이들끼리 놀다 성추행 사건이 일어나는 등 다양한 사례가 접수되고 있다"고 말했다.

전문가들은 이처럼 **어린이들 사이의 성폭력이 증가하는 원인으로 어른들의 그릇된 성문화에 광범위하게 노출되고 있다는 점**을 우선적으로 꼽는다.

최근 서울 C초등학교 컴퓨터 실습실에서 작은 소동이 벌어졌다. 컴퓨터 교육을 실시하기 위해 컴퓨터를 켜자 포르노 사진이 배경 화면으로 떴다. 아이들이 인터넷에 들어가 음란물 사이트를 찾아가 내려받은 사진을 배경 화면으로 설치해 놓은 것이다.

이 학교 이아무개(39) 교사는 "아이들이 일상적으로 어른들의 그릇된 성문화에 노출돼 있다는 사실에 감짝 놀랐다"고 말했다. 전문가들은 요즘 아이들이 **예전보다 조숙한데다 쉽게 접할 수 있는 어른들의 성문화를 "흉내"내면서**

어린이들 사이의 성폭행으로 이어진다고 보고 있다. 지난 6월말 서울 ㅅ초등학교 부근에서는 하교길에 5학년 아이가 중학교 1학년 3명에게 집단 성폭행을 당할 위기에 처한 일이 있었다. 중학생들은 **"포르노를 흉내냈다"**고 말했다. 당시 피해를 입은 학부모는 '운수' 탓으로 돌렸다.

그러나 어린이 사이의 성폭력을 쉬쉬하고 넘어가는 게 더욱 문제를 심각하게 한다고 전문가들은 경고한다. **피해를 입은 아이를 치료하는 것 못지않게 가해 어린이에 대한 교육이 중요하다**는 것이다. 성폭력 상담소 최 소장은 "어린이들 사이의 성폭력이 일어나면 대개 가해자 어린이의 부모는 "사내 아이가 한번쯤 그럴 수 있다'고 두둔하는 경우가 많다"며 "이런 태도는 피해 부모에게 큰 상처를 줄뿐만 아니라, 가해 어린이로 하여금 더 큰 폭력을 저지르게 만든다"고 충고했다.

어린이 사이에 성추행이 일어났을 때 피해를 입은 아이는 처음 아무렇지 않은 듯 행동하는 경우가 많다고 전문가들은 말한다. 어른에게 성폭행을 당했을 때보다 충격의 정도가 낮다는 것이다. 그렇다고 해서 그냥 넘어가서는 안된다. 1~2년이 지나 심각한 정신적 후유증을 앓기 때문이다. 성추행을 당한 아이를 가르쳐 본 경험이 있는 서울 ㅅ초등학교 장애순(34) 교사는 "6학년 아이가 친구와 어울리지 못하고 멍하니 앉아 있거나 말을 걸면 이유없이 울어 뒤늦게 알아보니 성추행을 당한 후유증이었다"고 말했다. 그는 "시간을 갖고 성교육을 한 뒤 어렵게 후유증에서 벗어날 수 있었다"며 "조기에 이런 사실을 알아내기 위해 학부모의 관찰이 중요하다"고 덧붙였다. 이런 후유증을 줄일 수 있는 것은 부모의 '현명한' 대응이다. 성폭력 상담소의 상담 사례를 보면 부모들은 어른들의 '순결 관념'으로 피해를 입은 아이들을 다그치면서 더욱 충격을 받게 하는 경우가 흔하다. 성폭력상담소 책임 연구원 이경미 씨는 "부모의 이런 대응에 성의식이 자리잡지 못한 아이들이 죄의식을 갖게 된다"고 말했다.

— 『한겨레신문』, 1998. 9. 8

어린이 성폭력과 부모 역할

어린이들의 성폭력 예방과 회복을 위해서 부모의 역할은 매우 중요하다. 부모가 성폭력에 노출되어 있는 자녀들에 대하여 어떤 태도를 가져야 하는지를 알고 만약에 자녀에게 성폭력이 발생할 경우 대처 방법을 잘 알고 있으면 자녀에게 매우 큰 도움이 된다. 때로는 부모들의 반응이 성폭력의 상처를 가속화시킬 수도 있다. 아버지의 성폭행에 대해 묵인하는 어머니나 성폭력을 당하고 돌아온 딸에게 "그런 상황이 되도록 가만있던 너도 잘못이다"라고 비난하는 경우 아이들은 씻을 수 없는 상처를 갖게 된다. 반면에 아무리 심한 상처라도 부모의 사랑 안에서 떳떳한 회복이 일어나는 경우는 바로 아물어 버릴 수도 있다.

집안 사이가 멀어지는 것을 원하지 않았기 때문에…

유치원 다닐 때였던가. 기억은 잘 나지 않지만 난 그 집에서 하루종일 놀고 그 집에서 자고 오기도 하였다. 그 집에는 나보다 열 살 정도 많은 언니 오빠들이 있었는데 난 그 언니 오빠를 삼촌 고모라 불렀다. 아마 삼촌이 중고등학교 다닐 때였을 거다. 삼촌이 내게 말 잘 들으면 예쁜 손수건을 준다고 하며 삼촌 방으로 들어오라고 했다. 난 신이 나서 삼촌 방엘 들어갔다. 한참 시간을 끌던 삼촌은 내게 바지를 벗으라고 했다. 대여섯 살뿐이 안 됐던 난 아무것도 모른 채로 삼촌이 시키는 대로 했다. 기억이 잘 안 난다. 그때 내가 그게 무엇이었는지 알았을 리도 없고 그저 속옷이 축축이 젖어서 엄마에게 혼날 걱정만 했던 게 기억난다. 삼촌은 내게 아무에게도 아무 말도 안할 것을 약속 받았고 난 아무것도 모른 채로 속상하고 불쾌하긴 했지만 아무에게도 말하지 않았다. **때때로 엄마나 고모에게 말하고 싶어서 "엄마"하고 불렀다가도 "아니야. 아무것도 아니야" 하고 얼버무리고 말았다.** 나 때문에 그 집과 우리 집 사이가 멀어지는 것을 결코 원하지 않기 때문에 아무에게도 이야기하지 못했었다.

　잘 아는 사람들로부터 성폭력을 당하였을 경우 매우 곤란한 여러 가지 일들을 고려하게 된다. 내가 그것을 이야기하면 내 주변 사람들의 관계에 금이 가고 그러면 안 된다는 생각 때문에 침묵하게 된다. 그리고 혼자서 그 일을 감당해 보려 한다. 유치원 아이들의 경우에도 그런 생각을 한다. 즉, 성폭력 피해 사실을 이야기하는 것은 쉽지가 않다. 그렇기 때문에 부모들은 누구든지 강제로 성기를 만지거나 무리한 요구를 할 때 부모에게 얼마든지 도움을 청할 수가 있고, 또는 반드시 도움을 청해야 한다는 것을 적극적으로 자녀에게 알리는 것이 좋다. 물론 우리 사회에서는 성폭력의 희생자가 여성인 경우가 지배적으로 많기 때문에 여자아이들은 성폭력 사실에 대해서 아버지와 의논하는 것을 매우 어려워한다. 아버지도 남성에 속하기 때문에 그

렁기도 하고, 왠지 혼날 것 같은 두려움으로 인해서 주로 의논의 대상자는 어머니가 되는 경우가 많다. 그렇기 때문에 아버지나 어머니 모두가 성폭력을 당했을 때 원조자가 될 수 있음을 미리 알려주며, 또한 원조자가 될 수 있는 준비가 필요하다. 또한, 위의 사례에서처럼 아이들은 가해자로부터 매우 큰 신체적, 심리적 위협을 받게 된다. 그리고는 얼떨결에 비밀을 지키기로 약속하고 만다. 혹시 약속을 어겼을 경우에 나를 해치거나, 또는 엄마나 우리 가족들에게 매우 무서운 일이 일어날 것이라고 생각하기가 쉽다. 따라서 누군가에게 이러한 일이 있은 후에 비밀을 지키라는 명령을 받았더라도 부모에게 이야기해야 한다는 것 또한 알려주어야 한다.

하기 힘든 이야기

초등학교 때 일이다. 외할머니 댁이 가까워서 자주 갔었는데 외삼촌 아들이 있었다. 큰오빠는 애들한테 잘 대해 주었다. 언제부터가 시작인지 기억은 안 난다. 오빠는 내 입 속에 혀를 넣고 내 가슴을 만졌다. 방문도 잠그고 누우라고 하며 오빠의 거기(성기)를 내 거기(성기)에 맞추려고 애를 쓰며 내 위에 올라탔다. 난 이해가 안 갔다. 하도 숨이 막혀 빠져나오려고 꿈틀거렸지만 조용히 하라며 더 숨이 막히게 했다. 지하실에 오빠 방이 있었는데 언니랑 내려갔었다. 조금 뒤 언니가 뭘 가지러 위층에 간다고 나간 사이 오빠가 들어와서 나를 붙잡고 또 그 짓을 시작했다. 이런 일이 수 차례 있었다. **엄마에겐 무서워서 말도 못 꺼냈다. 엄마가 혹시라도 오빠가 그런다면 말하라고 하셨는데 그때부터 엄마께 말할까 말까 고민을 많이 했었던 것 같다.** 하지만 결과적으로 못하고 여기까지 왔다.

이 사례에서는 부모가 성폭력을 당할 경우 이야기하라고 미리 교육을 하였지만, 그래도 하기 어려운 이야기였음을 고백하고 있다. 아이들은 왜 쉽게 얘기하지 못하는 걸까? 이 부분이 바로 성에 관한 우리 사회의 태도의 단면을 보여주는 것이라 할 수 있다. 성에 관해 쉽게 대화 나누지 않는 사회, 집에서는 특히 성적인 대화는 거의 금기에 가까운 상태에 있다. 특히 여자아이들의 경우에는 어렸을 때부터 알게 모르게 성에 관한 대화를 하지 못하도록, 그것이 정숙한 여성인 것처럼 학습된다. 그렇기 때문에 암묵적으로 이러한 문제는 입밖에 내면 안 된다는 무언의 압력 같은 것을 우리는 받고 자란 것은 아닐까? 성폭력의 사실을 이야기하더라도 자신이 피해자임에도 불구하고 비난받을지도 모른다는 두려움도 있었을 것이다. 이제는 성폭력에 대하여 예전보다 인식이 많이 바뀌었기 때문에 부모들이나 아이들도 조금은 쉽게 성폭력이라는 주제로 대화를 할 수 있을 것이다. 성폭력을 포함하여 성에 관련된 이야기들도 살아 있는 대화로 나눌 수 있다면 성폭력 예방에 도움이 될 것이다.

무슨 짓인지도 몰랐다

초등학교 3, 4학년쯤 되었을 때 일이다. 친구네 집에 가는 길에는 으슥한 골목을 지나가야 한다. 거의 다다랐을 때쯤 20대 아저씨가 나를 불렀다. 난 그냥 가려고 했는데 두세 번을 계속 불렀다. 뭔가 물어 보려고 그러는 줄 알고 아저씨 쪽으로 갔다. 아저씨는 월경이 뭔지 아느냐고 물었다. 난 처음 듣는 말이라 모른다고 했다. 그러자 아저씨는 여자만 걸리는 병이라고 했다. 아저씨는 나보고 뒤를 돌라고 하더니 내 등뒤로 다가와 내 왼팔을 위로 젖히더니 뭔가를 주무르게 했다. 난 그게 뭔지 몰랐고 아저씨가 됐다고 하면서 갑자기 엎드리더니 신발 끈을 묶는 척했다. 난 무슨 짓을 했는지도 모르고 집에 그냥 왔다. **집에 와 엄마께 월경이 뭐냐고 물어보니까 엄마가 나중에 알아도 된다고 하셨다.** 내 방으로 돌아와 바지 뒷부분을 만져보니 약간 불투명한 액체가 묻어 있었다. 더러워서 옷을 갈아입었는데 지금 생각해 보면 내가 만진 것은 아저씨 성기였고, 거기서 액체가 흘러나온 것이다. 그리고 내 손이 더러워지고 추악해졌다는 것이 용납할 수 없었다.

너무 어려서 설명을 못했다

내가 5, 6살 때의 일이다. 아빠 사무실에서 나와 무엇을 사러 계단을 내려오고 있었다. 어떤 오빠가 뛰어들어오더니 내 손에 거울을 쥐어주며 말했다. "지금 나쁜 사람이 오빠를 쫓아오고 있거든. 다시 올 테니까 이거 잘 지키고 있어야 돼." 정말로 잠시 후 그 오빠가 다시 왔다. 거울을 받아들고는 고맙다며 사탕을 주겠다고 했다. 눈을 감고 입을 벌리라고 했다. 하지만 내 입에 들어온 것은 사탕이 아니라 그 오빠의 성기였다. 오빠가 가버린 후, 나는 울면서 그 자리에 서서 계속 엄마를 부르며 악을 썼다. 그때 팬티 어쩌고 하면서 엄마를 찾았던 게 기억이 난다. 팬티를 가져다 달라고 했나? 너무 어려서 그랬는지 정확히 기억이 나지 않는다. 그때는 그 오빠가 나에게 저지른 일이 어떤 개념의 것인지 몰랐기 때문에 불쾌감만이 생생했고 엄마가 왜 오지 않으셨나 원망만 했었다. 오지 않으셨던 것이 아니라 못 들으셨던 것 같다. 아니면 내가 넘어져서 우는 것쯤으로 생각하셨던 것 같다. 나는 너무 놀라고 어린 탓으로 엄마에게 그 일을 설명하지 못했던 것 같다. 며칠 후 나는 사무실 근처 골목으로 가족과 지나갈 때 그 오빠를 다시 보았다. 식당 앞에서 아줌마들과 고기를 굽는 숯통인가 석쇠인가 아무튼 그것을 손질하고 있었다. 그 오빠가 나를 알아봤건 것 같고 나 또한 그 오빠를 보고는 심하게 무서워했다. 나는 엄마에게 "저 오빠야, 엄마. 나 저 오빠 무서워. 나쁜 오빠야"라고 말했던 것 같다. 하지만 엄마는 내 사정을 알 턱이 없었을 것이다. 그냥 내 걸음만 재촉하셨다. 내가 그 일이 성폭행이란 것을 깨달았을 때는 초등학교 고학년 때였다. 너무 놀라기도 했고, 그 기억이 생생히 되살아나 참 싫었다. 잊고 있다가도 그 기억이 떠오르면 속이 메스껍고 불쾌해졌다. 나는 고2 최근에서야 엄마에게 그 얘기를 했다. 당연히 많이 놀라셨고, 미안하다고 하셨다.

어린아이들이 자신에게 일어난 일을 조리 있게 표현하기란 쉽지 않다. 그렇지만 아이들은 어떤 방식으로든지 자신에게 일어난 일들을 드러내게 된다. 성에 관한 어떤 것을 질문하기도 하고, 특정한 사람을 보고 무서움을 표시하기도 한다. 말하지 않아도 그들이 몸과 행동으로 표현하는 것을 부모가 민감하게 살핀다면 성폭력의 후유증을 포착할 수 있다. 자녀가 평상시에 하지 않던 질문을 한다거나 갑자기 어리광이 너무 심할 경우, 손가락을 빨거나 오줌을 싸는 행위들이 모두 하나의 신호이다. 때로는 잘 알던 사람에 대해 무서워하고 욕을 하거나, 또는 잘 가던 친척집에 절대 가지 않고 사촌오빠들을 만나려고조차 하지 않는 경우도 실마리가 된다. 따라서 아이들이 보이는 말과 행동의 단서를 잘 파악하는 것이 중요하다.

사과의 유혹

내가 유치원 다닐 때의 일이다. 우리 아파트에 어떤 아저씨가 살았는데 어느 날 사촌 언니랑 나랑 불러서 그 집에 놀러 갔다. 그런데 나보고 누워서 벗으라고 그랬다. 그러면 사과를 준다고. 나는 사과의 유혹에 빠져 그랬다. 그리고는 기억이 나지 않는다. 사촌언니한테도 그러라고 했는데 언니는 하지 않았다. 그땐 언니가 왜 그랬는지 몰랐다. 그리고 사과를 먹은 기억이 난다. 물론 언니는 안 먹었다. 그 일을 **엄마한테 말했을 때 내가 무슨 잘못을 했는지 모르지만 다시는 그러지 말라고 화내고 혼내면서 나를 재빠르게 씻겨준 엄마도 생각난다.** 그리고 그 아저씨 다시는 보이지 않았다. 그때는 아무것도 이해가 가지 않았지만 이제는 안다.

부모들도 아이들이 성추행을 당하고 들어오면 당황하고, 속상한 마음에 아이들에게 화를 내는 경우가 있다. 그러나, 이때 아이들의 입장에 서서 아이들이 경험한 그 끔찍한 일을 잘 들어주는 것이 필요하다. 들어줄 때에는 다그치지 말고 자세하게 이야기하도록 시간을 넉넉히 주며 아이가 기억날 때마다 몇 번이라도 들어주는 것이 좋다. 놀라서 자꾸만 떠오르는 심상들을 그냥 넘겨버리기보다는 함께 이야기하면 점점 더 그 영향력이 사그라지는 데 도움이 되기 때문이다. 또한 성폭력에 대해 다시 한번 설명해 주는 것이 필요하다. 아이가 성폭력 당한 사실을 알게 된 후 부모가 아무런 설명 없이 몸만 씻겨준다거나 이빨을 닦도록 한다거나 하면 아이들은 아마도 내가 더러워졌나 보다 하는 생각을 갖게 된다. 자칫 잘못하면 아이들은 자신이 효과적으로 대처하지 못한 것에 대한 자기 비난을 하고, 입과 손이 더럽다고 느끼게 된다. 그러나, 아이들은 잘못한 일이 없으므로 "네가 잘못한 것이 아니다"라는 것을 알려주어야 하고, 더럽다는 느낌으로부터 벗어날 수 있도록 도와주어야 한다.

남자가 무섭다

난 그때부터 남자를 무서워했다. 엄마와 시장에 가다가도 비슷한 체격의 아저씨를 보면 얼굴이 새파랗게 질려 숨곤 했다. 밤에 자다가 무서운 악몽도 꾸었다. 초등학교 1학년이라는 어린 나이에 남자와 세상에 대해 불신을 품게 되었다. 그러나 지금은 그렇지 않다. 그때 엄마와 편하게 얘기할 수 있었던 것이 지금 그 아저씨의 얼굴조차 생각나지 않고 잘 지낼 수 있게 된 것 같다. (초등학교 1학년 때 성추행을 당한 뒤 고등학생이 된 여학생)

부모의 전적인 지지와 안전한 상황에서 이야기를 잘 들어주는 것은 성폭력 피해를 감소시키는 데 틀림없이 도움이 된다. 아마도 최악의 반응은 부모가 아무 일이 없었던 것처럼 행동하라고 지시하거나, 자녀가 잘못한 것처럼 몰아붙이고 실제적인 도움은 전혀 주지 못하는 경우일 것이다. 이러한 경우에 자녀는 성폭력 사건 이후 두번째의 상처를 받게 되므로 주의할 필요가 있다. 만약 심각한 성폭력을 당한 경우라면 상처가 있는지 등을 확인해 보고 병원에 가서 진료를 받아 보는 것이 현명하다. 또한 가해자에 대해 정당한 처벌과 사과를 요구하는 것도 필요하며, 어떻게 처리하는 것이 좋을지 결정하기 어려울 때에는 성폭력 상담소를 통해 해결 방안을 함께 모색해야 할 것이다.

부모를 위한 가이드 I
성폭력 예방을 위해 필요한 일

- 자녀와 성폭력에 대한 이야기를 해야 합니다. 속옷을 입은 인형을 보여주면서 또는 실제로 아이가 속옷을 입었을 때 "옷 안의 네 몸은 중요한 부분이니까 다른 사람이 만지면 안돼" 하고 말해줍니다.

- 누군가가 원치 않거나 불쾌하게 느껴지는 접촉을 할 때 단호하게 "안돼요! 싫어요!"라고 말할 수 있도록 가르칩니다.

- 자녀에게 가해자가 "우리끼리만 아는 비밀이다. 아무에게도 이야기하지 말아라" 또는 "말하면 죽여버리겠다"고 협박할 수도 있다고 말해주고 "싫어요 비밀로 하지 않을 거예요"라고 말하라고 주의를 줍니다.

- 어린이에게 "너에게 어떤 어려움이 생기더라도 끝까지 보호해 줄 테니 부끄러워하거나 무서워하지 말고 곧장 이야기해라"라고 일러줍니다.

- 낯선 사람의 차를 혼자 타지 말라고 일러줍니다.

- 어디 갈 때에는 부모님이나 보호자에게 누구와 함께 가는지를 꼭 알리도록 합니다.

- 집에 혼자 있을 때 누군가 오면 문을 열어주지 말라고 일러줍니다.

- 공공 화장실에 가거나 엘리베이터를 탈 때에는 친구나 어른과 함께 가도록 일러줍니다.

- 자녀가 혼자 있을 때 위급한 상황이 생기면 급히 연락할 수 있는 전화 번호를 알려줍니다.

부모를 위한 가이드 II
자녀에게 성폭력이 일어났을 경우 필요한 일

- 자녀가 피해 사실을 말할 수 있도록 합니다.

  자녀를 조용한 장소로 데리고 가서 무슨 일이 있었는지를 쉬운 말로 물어
  봅니다. 이때 어린이의 말을 전적으로 믿어주며, 책망하거나 야단치지 않도
  록 합니다. 만약 어린이가 말하기를 꺼려한다면 다그치지 말고 이야기할 때
  까지 기다려주는 것이 중요합니다. 이를테면 "지금 당장 얘기하고 싶지 않
  으면 나중에 얘기해도 좋아"라고 말해 줍니다.

- 자녀를 안심시킵니다.

  자녀가 있었던 일을 이야기하면 따뜻하게 감싸주고 앞으로는 그런 일로부
  터 보호해 주겠다고 말합니다. 이를테면 "그 사람이 또 괴롭히면 엄마나 아
  빠에게 즉시 말해라"라고 말해 줍니다.

- 자녀를 병원에 데리고 갑니다.

  자녀를 병원에 데리고 가서 외상 여부를 확인해야 합니다. 자녀가 병원에
  가서 진찰 받는 것을 꺼린다면 "우리가 아무 병이 없어도 병에 걸리지 않도
  록 예방주사를 맞는 것처럼 의사 선생님한테 한번 보이는 거야" 하고 타이
  릅니다.

- 경찰에 신고할 것인지를 결정합니다.

  그 당시 자녀가 입었던 옷(특히 속옷)은 세탁하지 말고 잘 보관해 둡니다.
  이것은 그 당시 신고를 하지 않더라도 나중에 경찰에 신고할 때 중요한 증
  거물이 될 수 있습니다.

- 전문 상담 기관에 알립니다.

  성폭력을 당한 사실이 충격적이어서 사후 처리에 어려움을 겪는 경우 전문
  상담 기관에 물어봅니다.

- 자녀 앞에서 지나치게 걱정하지 말아야 합니다.

  자녀가 성폭력을 당한 후 부모나 보호자는 자녀 앞에서 지나치게 걱정하는 태도를 보이지 않아야 합니다. 만약 그러한 태도를 보이면 어린이는 자신이 생각하는 것보다 더 엄청나고 커다란 문제가 자신에게 발생했다고 생각하고 위축될 수 있기 때문입니다.

- 자녀 앞에서 가해자에 대한 심한 말을 삼갑니다.

  가해자가 평소에 알고 있던 사람인 경우 자녀가 보는 앞에서 가해자에 대한 심한 말(마땅히 감옥에 가야 한다는 등)은 피하는 것이 좋습니다. 어린이가 고자질했다는 죄책감을 가질 수도 있기 때문입니다. 잘못은 가해자에게 있다는 것을 조심스럽게 알려주면서 "그 아저씨가 한 일은 나쁜 짓이야. 그 아저씨가 너나 다른 사람에게 또 그런 행동을 하지 않도록 우리가 잘할게"라고 말합니다.

- 필요한 경우 소아정신과 의사를 만나봅니다.

  만약 사건 후 아이가 평소에 하지 않던 행동을 하거나 불안과 두려움을 나타낸다면 소아정신과 치료를 받도록 하는 것이 좋습니다. 그렇지 않더라도 소아정신과에 데리고 가서 상담을 받는 것이 후유증을 최소화하는데 도움이 됩니다.

학교도 예외는 아니다

분하고 밉다

내가 초등학교 4학년 때의 일이다. 담임 선생님이 한 50세 가량 되어 보이는 남자 선생님으로 바뀌었다. 그 선생님은 어쩌다 한번씩 나를 불러 세워놓고 손가락으로 가슴을 만지면서 "좀 컸냐? 안 컸냐?" 물으시곤 했다. 그게 어린 마음에도 참 싫었지만 어떻게 해야 할지 잘 몰랐다. 지금 생각하면 분하고 선생님이 참 미워진다. 그리고 선생님이 왜 그랬는지 내가 왜 가만히 서 있기만 했을까…

학교는 아동기와 청소년기를 보내는 가장 중요한 공간이다. 학교를 통해서 많은 것을 배우게 되고, 또 많은 사람들과 만나게 된다. 아동기의 사회화를 위해 학교는 매우 필수적인 장이 되며, 학교를 통해 교사와 학생 간의 만남이 이루어진다. 이 관계는 매우 중요한 사회적 관계이며, 학생으로 있는 동안 우리에게 만약 어려운 일이 생긴다면 도움을 줄 수 있는 사람들도 바로 이 교사들이다. 특히 성폭력이나 학교 폭력, 그리고 따돌림과 같은 사람들 사이에서 일어나는 무서운 일들에서는 교사가 매우 중요한 위치를 차지하며 학생들을 돌보고 이끌어 주는 사람으로서 의미를 가진다.

그런데, 최근에 와서 학교가 더 이상은 안전한 곳이 아닐 수도 있다는 것이 성폭력에 있어서도 예외는 아닌 듯싶다.

선생님이 왜 그러셨을까?

초등학교 4학년 때의 일이다. 내가 반장이어서 학교에 늘 일찍 갔다. 그때는 늙으신 할아버지 선생님이 담임을 맡으셨다. 선생님도 일찍 오셔서 책상에 앉아 계셨다. 나랑 선생님이랑 단둘이 있게 된 것이다. 지금 생각해 보니 조금 이상한 것 같지만 그때는 내가 너무 순진했는지 이상한 분위기를 눈치채지 못했다. 선생님은 나를 무릎에 앉히며 가슴을 만졌다. 나는 그 기분이 너무 싫어서 다음날부터는 학교에 일찍 가지 않았다. 그 후 많은 나의 친구들도 당했다고 한다. 엄마한테 말하고 싶었지만 어떻게 꺼내야 할지 몰라 망설였다. 솔직히 나는 그런 것에 별 관심이 없었다. 그냥 "별 이상한 선생님도 계시는구나"라는 생각뿐이었다. 그때는 내가 너무 어려서 인식을 못했던 것 같다. 늙으신 선생님이 왜 그러셨을까? 손녀딸만한 아이들에게… 이런 선생님이 또 있다면 빨리 없어졌으면 좋겠다. 그래서 나처럼 드러내고 말은 못하고 속에만 삭여 두었던 아이들이 활짝 마음을 열게 되었으면 좋겠다.

학생들은 선생님이라는 이미지와 성폭력 가해자라는 이미지가 한 사람으로부터 드러나는 것을 받아들이기 어렵다. 그래서 심한 혼란이 생긴다. 학생들은 자신들이 겪은 일에 대해 잘 이야기를 하지 못한다. 선생님에 대한 무의식적인 충성심 때문이기도 하고, 이 일을 이야기하게 됨으로써 뭔가 불이익을 당하게 되는 것은 아닐까 하고 염려를 하게 되는 경우도 있다.

그까짓 다리 내주면 되지 않느냐고?

내가 초등학교 1학년 때 남자 짝이 있었는데 나한테 계속 내 다리를 만지게 해달라는 것이었다. 나는 싫다고 했다. 그러자 짝은 연필이랑 칼을 들고 안 만지게 해주면 찌른다며 위협했고 내 치마를 연필로 찍었다. 거의 한 달 동안 참았다가 더 이상은 안 되겠다는 생각에 담임 선생님한테 일러 바쳤지만(?) 별 제재가 없었다. 너는 여자니까 참아야 한다는 식이었고 잠자코 앉아 있으라며 "그까짓 다리 내주면 되지 않느냐?"고 했다. 할 수 없이 2~3달을 그렇게 지내다 다른 곳으로 전학을 갔다.

선생님들은 직접적으로 성추행의 가해자가 되기도 하지만, 위의 사례와 같이 성추행이나 학급에서 일어나는 성적 불평등, 차별 등의 공정치 않은 일을 묵과함으로써 오히려 학생들로 하여금 수치심을 느끼도록 내버려두는 경우도 생긴다. 학교조차 사회에서처럼 여학생들을 동등한 인격으로서 잘 받아들이지 않는 것이다.

아이들을 혼내는 방법?

나는 초등학교 3학년 때 한 40대 정도 되어 보이는 담임 선생님을 만났다. 그 선생님은 다른 선생님과 다른 점이 있었다. 그것은 바로 아이들을 혼내는 방법이었다. 보통 초등학교 선생님이라면 아이들이 잘못했을 때 막대기로 손바닥을 때린다거나 심할 경우엔 엉덩이를 때리는 경우가 일반적이다. 하지만 그 선생님은 좀 달랐다. 그 선생님은 허벅지를 꼬집

었다. 자기 딴에는 허벅지를 꼬집으면 아파도 창피해서 부모님께 보일 수 없고 그렇기 때문에 혼자서만 그 아픔을 감수함으로써 다시는 잘못을 저지르지 않는다는 이유로 변명을 해댔다. 나는 그 당시 그 말에 신경을 쓰지도 않았고 그런 방법으로 아이들을 혼낸다는 것이(지금에야 깨달았지만) 아주 파렴치한 것인지도 몰랐다. 그리고 아이들 모두가 선생님이 하는 말씀이 모두 옳고 절대적이라는 순진한 생각으로 나와 마찬가지였던 것 같다. 그 선생님은 아이들을 엎드리게 했다. 그리고 허벅지를 꼬집었는데 보통 남자아이들은 아! 하고 크게 소리를 질렀다. 그런데 여자아이들은 아! 하는 소리는 나지 않고 자꾸 선생님 손을 피하려고 몸을 비비꼬는 것이었다(참고로 그 당시 여자애들은 거의 치마를 많이 입었다). 나는 그때도 역시 좀 이상하다고만 느꼈을 뿐 그냥 대수롭지 않게 넘어갔다. 하지만 그 당시 여자아이의 치마 속에 손을 넣어 허벅지를 꼬집는 모습은 좀 흉측하다고 느꼈다. 그러던 어느 날, 나도 한 번 걸려서 그 꼬집힘을 당하기 위해 앞으로 나가 아이들 여러 명과 함께 차례차례 줄을 섰다. 그때도 역시 남자애들은 아! 하며 허벅지를 손으로 박박 문지르며 자리에 앉았지만 여자애들은 그저 얌전히 꼬집힘을 당하고 돌아왔다. 드디어 내 차례가 왔고 그 선생님은 내 치마 안으로 손을 넣더니(그때 나는 치마를 입고 있었다) 팬티 부근을 막 더듬는 것이었다. 난 너무 황당해서 순간적으로 얼굴이 시뻘개졌고 얼마 후에 자리로 돌아와 앉아 좀 이상하다는 생각이 들었다. 너무나 이상하고 불쾌했었다. 비록 난 그때 한 번 걸렸지만 불행하게도 그 당시 그 선생님한테서 귀여움을 받는 서너 명의 여자애들은 항상 쉬는 시간마다 선생님 책상으로 불려가 매번(참고로 초등학교 때엔 선생님 자리가 맨 앞쪽에 자리잡고 있었음) 그런 짓을 당했다. 지금 기억을 더듬으니까 그 선생님의 말투와 행위 하나 하나가 그야말로 성 변태 그 자체였다. 그 선생님은 어린아이들을 성적으

로 농락하고 희롱했다. 어쩌면 선생님이란 작자가 아니 그런 성 변태가
선생이 되었는지 정말 어이가 없다.

　교사의 성추행은 많은 상처를 남기게 된다. 그리고, 이는 전반적으
로 스승과 제자 사이에 신뢰감을 크게 떨어뜨린다. 성추행의 정도가
심각하지는 않더라도 믿을 수 있는 사람이라고 생각하고 있는 부모
님이나 선생님으로부터 당하게 되는 경우는 우리의 성 의식에 지대
한 영향을 주며, 관계를 파괴하는 일이 된다.

　교사들의, 특히 남자 교사들의 학생들에 대한 성추행은 얼마 전에
겨우 사회 문제 거리로 인식이 되었을 뿐 아직도 학교는 성에 관해
열리지 않은, 폐쇄적인 곳이다. 가장 최근에는 중학교 교장 선생님의
집단 성추행 사건 등이 뉴스에 크게 보도되면서 교사들의 성추행이
이슈가 되었다. 그러나, 매스컴에서는 가해자가 중대한 문제를 가지
고 있는 사람으로 보도를 하고 있기 때문에 일반적인 상식 있는 교사
들의 경우에는 해당이 되지 않는 것처럼 보인다. 마치 정신적으로 큰
문제가 있는 사람들만 성추행을 하는 것으로 보는 것이다. 그러나, 의
외로 우리가 알고 있는 일반적인 교사들도 매우 쉽게 성적인 농담을
던지거나 신체적 접촉을 시도하는 경우가 있다. 이것이 바로 우리 사
회의 성폭력에 대한 허용적인 태도를 반영하는 것이다. 그리고 아동
이나 청소년들도 남자 어른들의 그러한 농담이나 추행에 대해 어느
정도 있을 법한 일로 여기는 경향도 있다. 그러나, 이에 대해서는 단
호한 입장이 필요하다.

　사실 현재의 상황에서는 자격 미달의 교사를 제재하기 위한 사회

적 수단이 별로 없다. 어떤 경우에는 학교에 그 교사에 대해서 공식적 건의를 한다고 하여도 그러한 교사가 명확한 제재 조치를 받지 않는 수도 많이 있다. 실수로 한두 번 있었던 일이니 눈감아 주자는 논리이다. 참으로 이러한 풍토는 아이들의 영혼을 상하게 하는 권력에 의한 횡포가 아닐 수 없다.

얼마 전 전화 상담중에 자녀가 학교에 안 가려는 것에 대해 의논하고자 하는 한 아버지의 전화를 받았다. 그 딸이 학교에 가고 싶어하지 않는 것은 다름 아닌 담임 선생님 때문이라는 것이다. 체육 과목을 맡은 담임 선생님이 자꾸만 만지고, 따로 부르고, 목 같은 데 쓰다듬고 그러다 못해 "너 나 좋아하니?"라고 물어보기까지 했다는 것이다. 급기야는 토요일 날 둘이만 좀 만나자고 했다는 것이다. 아이들끼리는 그 선생님을 이른바 "변태"라고 부른다고 한다. 이런 얘기를 듣고 진위를 확인해 보고자 하는 마음으로 용기 있는 아버지가 선생님께 딸에게 들은 얘기들을 하면서 그런 것 때문에 학교에 가고 싶어하지 않는다고 했더니, 그 뻔뻔스러운 교사는 어처구니가 없이 그 딸이 성격이 과민하고 소극적이며, 뭔가 문제가 있는 것 같다고 하면서 전문적인 상담을 받아보는 것이 좋겠다고 말하며 상담실 연락처를 알려줘서 전화를 했다는 것이다. 자신의 행동을 합리화하고 묵과하기 위해서 한 아이를 성격에 문제가 있는 학생으로 만들어 버리고도 아무 상관없어 하는 교사의 태도가 너무나 무섭다.

학교 내에서 교사의 성추행을 방지하기 위해서는 우선 이러한 일을 당했을 경우를 대비해서 학생들의 의견을 수렴하고 이를 해결할 수 있는 통로를 마련해야 한다. 우리 학교에서는 그런 일이 없을 것이라는 무사 안일한 태도보다는 적극적 예방을 위해서 신고함을 설치한다거나, 학교 전체가 성폭력의 가능성에 대해 인식을 함께 하며, 성교육과 상담에 관심을 기울여야 할 것이다. 현재의 학교 분위기로서는 교사들이 성추행을 할 가능성이 있다는 사실을 인정한다는 것이 쉽지 않은 일 같다. 그러나, 아동 및 청소년들이 믿고 신뢰해야 할 대상으로부터 피해 받는 일을 줄이기 위해서는 절대적으로 학교 전체의 관심이 필요하다.

성추행의 전적이 있는 교사들은 한 명의 피해자만 만드는 것이 아니라 전반적으로 여러 학생들에게 동일한 행동을 할 가능성이 높기 때문이다. 소위 여학교에서 "변태"라고 불리는 행동과 태도는 절대 용납하면 안 된다는 분위기가 형성될 때에 여성으로서, 그리고 아동 및 청소년으로서의 인격이 존중될 수 있다.

개인적 차원에서도 교사가 뭔가 부당하고 이상한 생각이 드는 행동을 하거나 강요할 때에는 아주 위협적이지 않은 상황에서는 반드시 거절의 의사를 분명히 밝혀야 한다. "선생님 하지 마세요", "싫어요" 등의 의사 표현을 해야 한다. 그러나, 선생님 앞에서 매우 위협적이고 불이익의 위험으로 인해 위축되는 상황에서 거절을 하지 못하였다면 이후에라도 반드시 다른 신뢰할 만한 어른과 상의를 하고 해결을 하여야 한다. 믿을 수 있는 학교의 상담 교사나 양호 선생님, 또는 부모님께 상의할 수 있다.

그러나, 만약 주위에 신뢰할 만한 사람이 없거나, 사실을 이야기했는데 오히려 내용을 축소하거나 참으라는 식의 태도를 보인다면 성폭력 상담실이나 청소년 상담실로 전화를 하는 것이 좋겠다. 어떤 상담소이든 학생들의 입장에서 도움을 줄 것이다. 그러나, 때로는 이러한 교사의 성폭력 사태에 대해서 외부의 상담소가 충분한 개입을 하지 못할 수도 있다. 이러한 경우 「참교육을 위한 전국 학부모회」의 학부모 상담실 등 학교와 학생들의 인권을 존중하고, 옹호자의 입장에서 문제를 해결해 주는 단체들과 의논할 수 있다. 이러한 일은 침묵하지 않고 자꾸만 얘기해서 공론화시켜야 되며, 그렇게 하는 것이 다른 피해자가 될 친구들을 보호할 수 있는 방법이라는 것을 인식하여야 한다. 이제는 학교의 문화가 바뀌어야 되지 않는가?

학교만이 아니라 배움의 장에서도…

초등학교 2학년 때 경필 대회에서 상을 받은 계기로 엄마의 권유로 서예를 배우게 되었다. 나는 그 서예 학원에서 나이가 가장 어렸다. 그래서인지 선생님에게 귀여움을 받았다. 선생님의 나이는 우리 아버지와 비슷했다. 학원이 1층이었고 2층은 선생님의 가정집이다. 선생님은 딸 둘과 아들 하나가 있는 분이다. 서예 학원에 늦게 나가서 내가 서예를 끝마칠 때쯤 나와 선생님 둘뿐이었다. 그때 선생님은 나에게 칭찬과 함께 가족에 대해 묻고 나를 업어 주었다. 그런데 그때 선생님께 업히며 기분이 이상했다. 왜냐하면 선생님의 손이 나의 엉덩이를 만지는데 그때의 기분은 좋은 편이 아니었다. 그래서 난 그때 선생님의 손에서 벗어나려고 애를 썼던 걸로 기억한다. 이런 일이 몇 번 있었는데 그때마다 기분이 좋지 않았다. 성추행이었던 것 같다. 그런데 과연 그때의 선생님의 행동이 성추행인지 아니면 귀여워서 그런 건지 좀 혼란이 온다. 아무튼 좋은 기억은 아닌 것 같다.

상담 전문가들은 긍정적이고 따뜻한 신체적 접촉(skinship)은 우리 마음의 긴장을 풀어주고 용기를 줄 수 있는 좋은 상담적 효과가 있다고 한다. 그러나, 뭔가 이상한 느낌을 주는 만짐이 있다. 이 사례에서도 서예 선생님이 나를 업어줄 때에 뭔가 이상한 기분을 느꼈다고 한다. 선생님의 손이 엉덩이를 만졌기 때문이다. 그리고, 아마 뭔지 모르지만 강압적이어서 "싫다"는 말을 할 수 없는 상황이었을 것이다. 그 일에 대해서 그것이 정말 성추행이었을지, 아니면 그냥 귀여워서 그런 건지 혼란이 온다고 표현하고 있는데, 여기서 중요한 점은 성추행을 어떠한 행동을 하면 성추행이다, 아니다라고 명확하게 규명하기는 쉽지 않다는 것이다. 사람마다, 문화마다 성추행에 대해 생각하는 바가 다 다르기 때문이다.

그렇기 때문에 성추행이나 폭력을 규정하는 데에 있어서는 가해자의 의도보다 당하는 피해자의 입장이 훨씬 중요하다. 가해자는 그런 의도가 없었다고 해도 피해자가 불쾌감을 느끼게 되었는가, 거부의 의사 표시를 했음에도 불구하고 지속하였는가 등에 의해 판단되는 것이다. 이를테면 정말 귀여워서 한 행동이라도 상대방이 그것으로 인해 심한 불쾌감을 느낀다면 하지 않아야 마땅하다. 하지만, 아동으로서 이러한 상황을 직접 가리기는 쉽지 않다. 그러나, "이상하다는 느낌"이 들 때에는 자신을 신뢰하라. 그리고 만약을 대비해서 그 느낌에 반응하여 자신의 기분을 표현하거나 신속한 행동으로 대처할 수 있는 준비가 되어야 한다. 성폭력의 위협을 빨리 느낄수록 우리의 대처가 더 빨라지기 때문이다.

성교육? 성폭행?

어렸을 때의 일은 평생을 간다고 한다. 나의 그 경험은 평생을 갈 것이다. 초등학교 5학년 때였다. 난 스케이트를 친구들이랑 무료로 배웠는데 어느 날 그 강사 할아버지가 자기네 집에 데려갔다. 난 친구들이 가자고 해서 할 수 없이 갔다. 자장면을 시켜주어서 먹은 후 놀고 있는데 "할아버지 성교육 강사다"라면서 대만이나 태국에서는 초등학교 아이들이 이 비디오를 본다면서 짝짓기 방법을 가르쳐 주고 정액이 어떻고 펌프질 같다는 둥 이상한 입에 담지 못할 말들을 하며 엄마 아빠한테 말하지 말라고 하며 그 쇼킹한 비디오를 보여주었다. 정말 사실적이었다. 우리가 흔히 말하는 "섹스신"—그걸 1~2시간 계속하였다. 처음에는 그래도 재미있었다. 하지만 계속 보다 보니 선생님이 나랑 친구랑 옆에 끼고 몸을 쓰다듬는 것이었다. 그래서 피했는데 한마디로 성폭행이었다. 비디오를 본 후 내 친구랑 나랑 그 할아버지 이름을 외고 어른이 되면 꼭 복수하리라 생각했다. 지금은 생각하기도 싫다. 가끔씩 생각이 난다. 내가 여기서 얻은 교훈은 "함부로 어른을 쫓아가지 말고 무조건 믿지도 말자"이다.

성적으로 가혹한 행위를 직접 하는 것 이외에도 자신의 성적 욕망을 유발시키거나 만족시킬 목적으로 통신 매체를 통해 성적 수치심이나 혐오감을 일으키는 말이나 영상 등을 상대방에게 보이는 것 또한 성폭력의 하나로 간주된다(성폭력 특별법 제14조). 우리 나라 사람들은 예로부터 노인에 대한 경로 효친 사상을 매우 강조하다 보니 어른들의 말에 아이들은 잘 거역하지 않고 비교적 따르는 편이다. 아동들을 하나의 인격 주체로 보고 아동의 인권을 존중하기보다는, 어른의 축소판 정도로 생각하기 때문에 무시하거나 마음대로 할 수 있다는 생각이 어린이 성폭력으로 연결되고 있다. 이러한 점은 성폭력뿐 아니라 전반적인 아동 학대에도 매우 큰 영향을 끼치고 있다.

역사적으로 볼 때에, 그리고 현재에 와서도 전세계적으로 인권 문제에 있어서 매우 열악한 위치에 놓여 있는 계층이 여성과 아동, 그리고 장애인이다. 그렇기 때문에 여자아이들은 쉽게 성적인 도구로 전락해 버리거나 미성년자임에도 불구하고 매매춘 행위에 종사하도록 강요되고 있다. 제3세계 국가들이나 후진국들에서는 더더군다나 새로운 노예들처럼 아동을 사고 파는 일이 성행하고 있으며, 이렇게 팔린 아동들은 매매춘에 종사하게 된다. 그 동안 매매춘에 종사하는 미성년자들에 대해서 사회적 조건들은 무시한 채 마치 십대들의 성 풍토가 문제인 것처럼 치부해 왔었다. 그러나, 아동을 보호하고 인권을 존중하는 입장에서는 아동이 매매춘에 빠지게 되는 것은 사회 문화적인 환경의 영향이 문제이지 아동 자체의 문제가 아니라는 것이다.

우리 나라도 최근에 와서야 이러한 관점을 가지고 아동의 문제를 보기 시작하였으며, 2000년 7월부터 개정된 아동 복지법에서는 아동 학대 방지를 위한 법규를 규정하고 있다. 아동 학대는 "부모나 돌보는 사람에 의해 가해지는 심각한 손상"이라고 볼 수 있는데, 여기에는 신체적 학대, 정서적 학대, 그리고 성적 학대가 포함되며, 신체적, 정서적, 성적 방임도 이에 포함시키고 있다. 아동 복지법에 따르면 아동 학대의 신속한 신고를 위한 전국 통일 번호를 24시간 운영할 것을 규정하고 있으며, 아동 학대 신고 체계를 확립하기 위해 누구나 신고할 수 있으며, 특히 교사, 의료인, 사회 복지 시설 종사자 등은 신고

의무자로 지정되었다. 물론 신고 의무자로 지정은 되어 있으나 신고
하지 않아도 아무런 제재가 없는 것도 현실이긴 하다. 그래도 학대
아동들을 위한 아동 보호 전문 기관이 설치, 운영될 것이며, 신고를
접수한 시설의 직원이나 경찰은 현장에 출동하여 현장 조사서를 작
성하고, 인근 시설이나 병원에 응급 조치를 의뢰하도록 되어 있다.
2000년 7월부터 시행되는 법이므로 아직 충분한 준비가 되어 있지
않으나 이제라도 아동 학대에 대한 법적인 장치가 마련된 것은 매우
다행한 일이다.

가족 안의 무서운 비밀

가정에서 일어나는 성폭력은 그 동안 많은 피해자들이 침묵하였던 주제였고, 우리 사회에서도 쉽게 근친 성폭력의 심각성을 받아들이지 않아 왔다. 피해자의 입장에서는 전적으로 신뢰하고 의지하는 보호자 격인 사람으로부터 배신당한 것이 용납할 수 없음에도 불구하고 가족이라는 굴레로 인해 쉽게 해결되지 않는 과제를 안고 살아갔으며, 사회적으로는 근친 성폭력을 사회 문제의 하나로 보기보다 정신적으로 문제가 있는 아버지 또는 의붓아버지에 의해 일어나는 매우 특이한 사건 정도로만 받아들여 왔던 것이다. 따라서 이를 성폭력의 범주에 넣기보다는 가족 내 특별한 역동의 결과라고 이해하는 등의 다른 방식으로 취급해 왔었다.

그러나, 그 동안 논의조차 금기시되어 왔던 가정 내 성폭력을 드러내게 된 결정적 계기가 된 사건이 있었는데, 1992년 "김보은, 김진관 사건"이다. 김보은 씨는 부모가 7세 때에 재혼을 하여 새아버지와 함께 살았는데, 12세 이후 새아버지로부터 거의 매일 성폭행을 받아왔었다. 그러다가 애인인 김진관 씨와 함께 새아버지를 살인하게 되었다. 이 사건을 계기로 그 동안 묻혀 있었던 근친 강간의 실체가 드러났으며, 성폭력 특별법 제정이 가속화되게 되었다.

근친에 의한 성폭력이란 가족 또는 친인척 관계에서 일어나는 성폭력을 의미한다. 우리 나라 성폭력 특별법에는 친족의 범위를 4촌 이내의 혈족과 2촌 이내의 인척으로 규정하고 있으며 이는 사실적 가족이 모두 포함됨으로 아버지, 어머니, 오빠, 동생, 사촌오빠뿐 아니라 의붓아버지에 의한 성폭력도 친인척에 의한 성폭력으로 보게 되는 것이다. 또한, 가정 내에서 이루어지는 성폭력은 강간뿐만이 아니고 다양한 형태로 일어날 수 있다.

아빠가 싫다

내가 어릴 때부터 우리 아빠는 성에 관해 좀 밝히는 면이 있었다. 나와 같이 야한 영화를 보는 것을 좋아하셨다. 하지만 그런 행위를 나에게는 안 하셨으면 한다. 나의 가슴을 만지고… 하다 못해 중요한 곳까지도. 나는 하지 말라고 아빠께 말씀드리지만 왜 자꾸만 그러시는지 모르겠다. 내가 딸이라서 그러신다고 말씀하실 때마다 나는 화가 난다. 딸이지만 그 정도가 너무 심하신 것은 아닐까? 아빠가 어딘가를 만진 다음에는 그 흔적이나 느낌이 계속 지워지지 않아 정말 기분이 더럽다고 해야 할까? 요즘에는 내가 커감에 따라 많이 변하기는 했지만 아직도 나는 주말 휴일에 아빠 옆에 앉기가 무섭다. 아빠와는 특별한 갈등은 없다. 하지만 난 그런 면의 아빠가 너무 싫다. 아빠의 학식이나 지금까지 하시는 일은 존경스럽지만 또 다른 그런 면이… 내가 자꾸 하지 말라고 그러거나 피하면 나를 반항한다고 생각한다. 그렇다고 큰소리를 칠 수도 없다. 부모님

아버지가 딸에게 성적인 매체를 함께 보이며 추행을 하면서도 "네가 딸이라서 그런다"고 말하였다. 이 말의 의미는 무엇일까? 아버지가 딸을 맘대로 할 수 있다는 뜻인가? 아니면 아버지는 딸은 아직 아버지의 의도를 알아채지 못할 만큼 어리다고만 생각하는 것일까? 어쨌거나 이는 자신의 성 욕구 충족을 위해 딸을 이용할 수 있다는 생각을 반영한다. 딸에게 이 일이 얼마나 치명적 상처가 되리라는 것은 전혀 고려되지 않았다.

엄마가 없으면 정말 무섭다

나는 어렸을 때부터 항상 아빠랑 같이 목욕을 했다. 혼자 하면 깨끗이 씻기도 힘들고 심심할 텐데 아빠랑 같이 하니까 너무 재미있었다. 그런데 중학교에 들어가서 여러 차례 성교육을 받으면서 성에 대한 눈이 조금씩 떴다. 그러면서 아무렇지도 않게 생각되었던 아빠와 함께 하는 목욕이 너무나 더럽고 혐오스럽기까지 했다. 그래서 난 아빠한테 이제부턴 혼자 하겠다고 했더니 왜 그러냐면서 좋은 말로 타이르기 시작했다. 내가 끝까지 거부하자 막 때리더니 억지로 욕실로 끌고 가서 옷을 벗기더니 목욕을 시키는 것이다. 그 후로 여러 차례 거부를 했다. 그럴수록 몸에는 상처만 늘어갔다. 엄마가 외출하면 늘 당했기 때문에 엄마가 없으면 정말 무서웠다. 이렇게 사느니 차라리 죽고 싶었다.

가족들은 가족 나름대로의 문화를 가지고 있다. 성에 대한 문화도 가족마다 틀리다. 어떤 가족들은 성에 관해 매우 허용적이어서 속옷만 입고 돌아다니거나 함께 목욕을 하는 등 자연스럽게 부모 자녀가 성을 공유하게 되지만, 어떤 가족들은 가족끼리라도 이성과 함께 있을 때에는 속옷을 안 입는 것도 안 되고, 성에 대한 대화는 더군다나 할 수 없는 분위기이기도 하다.

그렇기 때문에 가족간에 성과 관련하여 일어나는 어떤 행동들에 대해서는 이러한 가족 전체의 분위기와 맥락이 고려되어야 한다. 그런데, 중학생이 된 딸이 사춘기에 접어들면서 아버지의 행동에 대해 부당함을 느끼고 이에 대해 거절의 의사를 밝혔을 때에, 아버지는 본색을 드러냈다. 어머니가 없을 때 이러한 일이 주로 이루어졌고, 딸은 어머니에게 이 사실을 언급할 수가 없었다. 그 이유 중의 하나는 가정 내 성폭력의 경우에는 신체적 폭력이 동반된다는 사실이다. 거부하고 반항할수록 몸에 멍이 늘어간다는 말에서 폭력이 딸의 행동을 제재하는 주된 수단으로 사용되고 있음을 알 수 있다. 여기에서는 표현되지 않고 있지만 이럴 경우에는 아버지가 어머니에게도 폭력을 사용할 가능성이 매우 높다. 이러한 사실을 알고 있는 딸이라면 자신이 얻어맞는 것에 대한 위협도 크지만 자신이 이 사실을 어머니에게 이야기할 때에 어머니가 당할 고통을 생각해서 쉽게 도움을 구하지 못할 수 있다. 따라서 아버지의 성폭력은 가부장제라는 틀 안에서 여성들을 억압하는 여성 폭력의 대표적인 예이다.

몸부림을 치며 반항해 보지만…

나는 새아버지로부터 강간을 당했다. 새아버지는 엄마가 없을 때마다 이상한 영화를 틀어놓고 따라하자고 하였다. 나는 그때마다 몸부림을 치며 반항해 보지만 그러면 여지없이 얻어맞으면서 당한다. 나는 너무 무섭다. 새아버지는 엄마에게 얘기하면 둘 다 죽여버릴 것이라고 얘기하면서 나를 위협했고. 한동안 나는 엄마가 걱정되어 아무 말도 하지 못하였다. 왜냐면 엄마도 나처럼 아빠에게 당하고 있기 때문이다.

이 사례에서 더욱 극명히 나와 있듯이 아버지는 폭력을 사용함으로써 피해자들을 통제하고 있다. "김보은, 김진관 사건"이 있었을 때에도 사람들은 그 동안 어머니는 무엇을 하였으며 왜 말리지 못했나 하는 의혹의 눈초리로 어머니를 바라보았다. 그러나, 아버지의 가정폭력은 심각한 수위에 있었고 아무도 그것을 막을 수는 없었다. 가정폭력 역시 우리 나라에서는 사회 문제로 제기되고 법적 체계가 생겨나기 시작한 지가 불과 2∼3년도 안 되었기 때문에, 사람들은 그 부분에 대해서 깊이 이해하지 못했다. 위의 사례에서도 한동안 근친 강간이 지속된 원인 중 하나에 폭력이 동반되고 있었고, 이는 아버지의 힘에 도무지 대항할 수 없는 무력감을 만들어 내었고, 아무도 저항할 수 없는 상황에 이르렀다. 이러한 근친 강간 아버지들은 아내 강간을 하는 경우도 많다. 그래서 가족들은 아버지의 존재를 벗어나는 것이 처음에는 너무나 어렵다. 우리 사회의 가부장적 틀은 가족 내 여성의 지위를 너무나 하락시켰고, 여성의 경제력이 없음을 빌미로 하여 지속적으로 가족의 끈에 묶어둠으로써 이 문제는 그 동안 가족 내부의 일로만 여겨져 왔다.

물론 이러한 경우가 아니라 어떤 어머니들은 아버지가 딸을 성폭행하는 것에 대해 모른 척하거나 간과하여 적극적으로 문제에 개입하지 않는 경우도 있다. 오히려 딸을 비난하거나 그 사실을 믿지 않는 경우도 있다. 딸이 아버지로부터 성폭행을 당했다는 사실을 어머니가 처음 알게 되었을 때에 이 사실은 순순히 받아들일 수 없을 만큼 매우 충격적인 일이다. 또한 그 동안 어머니가 쌓아왔던 신뢰와 삶의 기반이 와르르 무너지는 일인 것이다. 그래서 많은 딸들은 어머니에게 도움을 요청하지 못하는 경우가 많다. 어머니가 도움이 되지 않을 것이라고 생각하는 절망감, 자포자기하는 마음 때문이기도 하고, 다른 하나는 어머니가 이 문제를 전혀 모르고 있을 경우에 그 어머니에게 커다란 충격을 안겨 주어야 한다는 것이 딸로서는 너무 힘겨운 일이고, 그러한 어머니에 대한 불쌍한 마음과 어머니를 보호하고자 하는 마음 때문에 묵인하는 비밀로 만들고 만다.

그러나, 아버지의 문제라면 더군다나 어머니가 알아야 한다. 아버지가 어떠한 사람인지를 확실하게 아는 것이 어머니에게도 궁극적으로는 도움이 될 것이며, 딸을 성폭행하는 아버지는 어머니에게도, 그리고 또 다른 딸이나 사촌에게도, 나아가서 다른 아동을 대상으로 성폭력을 할 수도 있기 때문에 해결책이 필요한 것이다.

오빠에 대한 원망은 영원할 것이다

언제부터인지 모르지만 오빠는 나의 신체에 대해 관심을 갖기 시작했다. 그래서 내가 잠을 잘 때면 오빠는 살며시 다가와 내 바지를 벗기고 만지고 오빠 것을 대었다. 나는 몇 번이나 당했다. 맨 처음에 그 일이 있었던 날 나는 오빠와 레슬링 게임을 하고 있었는데, 함께 실컷 놀고 나서 나더러 바지를 잠깐 내리고 서 있으라는 것이었다. 물론 팬티도 벗고….

나는 싫다고 했다. 하지만 오빠는 신기한 것을 가르쳐 준다며 해보라는 것이다. 나는 궁금함에 하라는 대로 했다. 오빠는 침대에 누워 손을 바지 안에 넣고 무엇인가 만지작거렸다. 바로 오빠의 성기를 만지는 것이었다. 한참 있다가 오빠가 일어나더니 화장실로 뛰어 가는 것이었다. 오빠는 기분이 좋다고 했다. 나는 바지를 올렸는데 너무 이상한 기분이 들었다. 너무 싫었다. 오빠는 이후로 일을 계속 저질렀고 나는 그것을 막으려고 애를 썼다. 하지만 매번 당하고 말았다. 내가 너무 피곤해 잠을 자고 있을 때 오빠가 내 바지를 벗기고 윗도리를 올리고 가슴과 그곳을 빨고 오빠 것을 그곳에 문질렀다. 나는 그것을 느낄 수 있었다. 하지만 눈을 뜨지 못했다. 정말 오빠가 싫고 미웠다. 나는 온갖 수법을 써서 잠잠하게 했다. 지금도 잠을 잘 때면 겁이 난다. 갑자기 들어올까봐… 나는 오빠가 화를 내고 혼낼 때면 이 생각이 난다. 그런 짓을 하고서도 오빠인 척을 한다는 게 너무 싫고 밉다. 다시는 겪기 싫다. 정말 나의 온몸이 찝찝하다. 생각하면 할수록… 내가 좀더 성숙했더라면 좋았을 것이다. 어렸을 때는 잘 모르는 일이고 순진하였기 때문에 일어난 일이라 생각한다. 이 일은 영원히 내 머리 속에 기억될 것이다. 또한 그런 오빠에 대한 원망도 영원할 것이다. 이제는 많이 성숙했고 이성을 구분할 줄 아는 여성이다. 오빠도 그것을 알아주었으면 한다.

　가정 내 성폭력은 아버지 이외에 오빠가 가해자인 경우도 상당히 많다. 참으로 이러한 일을 당하는 피해자의 기분은 정말 더럽고, 죽을 맛이었을 것이다. 오빠가 가해자가 될 경우에도 동생이자 여성으로서 가족 내에서 아무런 힘을 행사할 수 없는 피해자는 보통 가족이라는 굴레를 벗어나지 못하고 나 혼자 해결하고자 하며, 가능하면 오빠를 물리치거나 그런 상황을 만들지 말고 모면하자는 식의 소극적 대처 정도만 하게 된다. 그러나, 시간이 지날수록 그러한 상처들은 더 곱씹어져서 나중에는 더 크게 마음속에 자리잡게 되는 경우도 있다. 그 일만 떠오르면 무력감, 두려움, 분노, 무서움이 계속하여 우리를 지배하는 것을 경험하게 된다.

이제는 참지 않을 것이다

난 이걸 쓰기 위해 정말 많은 고민을 했다. 꼭꼭 묻어두고 싶지만 가슴에 상처가 될까봐 평소 없던 용기로 쓴다. 십대들의 쪽지를 보면 아버지나 오빠한테 당하는 이야기가 참 많이 나온다. 난 그런 일이 남의 이야기 같지 않다. 왜냐면 나 역시 그런 처지니까. 내가 생각하기에 우리 오빠 어릴 적부터 성에 유별난 관심이 있었던 것 같다. 늘 언니와 나의 가슴과 그곳을 만졌다. 그리고 꼭 물어본다. "기분 좋지?" 난 그래서 밤이 무섭고 오빠가 무섭다. 울 오빠 낮엔 정말 천사 같다. 너무 착하고 또 착하다. 그러나 밤엔 낮의 그런 오빠가 아니다. 물론 밤만 그런 건 아니다. 오빠가 있을 때 난 낮잠 자는 것조차 두렵다. 언제 또 날 만질지!! 난 첫 키스도 오빠랑 했다. 강제로… 첫 키스는 내게 역겨움이었다. 오빠 입 속으로 토해주고 싶었다. 이젠 언니한테는 안 그런다. 오빠는 언니가 다 컸기 때문이라고 말한다. 이 말을 언니 고2 때부터 내게 했다. 난 고3인데 아직도 안 컸단 말인가? 난 오빠가 정말 싫다. 그래서 늘 땍땍거린다. 가족들은 내가 오빠를 우습게 본다고 뭐라고 그런다. 내가 온가족한테 혼나도 계속 그럴 거다. 오빠가 그 짓을 그만둘 때까지. 이제껏 난 오빠가 내 옆에 누울 때 떨기만 했고 시키는 대로만 했다. 오빠가 화내면 무서우니까. 하지만 이제는 참지 않을 것이다. 또 그러면 소리를 질러서 온가족을 깨우든지 아니면 오빠의 성기를 밟든지 깨물 거다. 가능하다면 죽이는 방법도 사용할지 모르겠다. 너무 답답하고. 지금 당장 죽이고 싶다.

이 이야긴 언니는 물론 부모님 그리고 가장 친한 친구에게도 하지 않았다. 날 이상한 눈으로 볼 테니까…

　　지속되는 성폭력으로 인해 피해자는 가해자에 대한 분노가 극에 달해 있는 상태이다. 오빠는 오랜 시간 동안 언니와 동생을 성폭행하였다. 안타깝게 느껴지는 내용은 "이 이야기는 아무에게도 하지 않았다. 날 이상한 눈으로 볼 테니까…" 하는 부분이다. 누가 이상한 눈으로 볼 수 있을까? 가족들에게 도움을 청하지 않았을 때는 도움을 청해도 잘 도와주지 않으리라는 생각이 있었거나, 아니면 혹시 나를 이상한 아이로 몰아세우는 것은 아닌가 하는 두려움이 있었을 것이다. 그래서 아직까지는 가족들은 전혀 모르는 상태에서 오빠에게 투덜거리는 정도로 그 분을 풀고자 하고 있다. 그러나, 그것은 소극적 방법이며, 무엇보다도 우선적으로 성폭력을 멈추도록 하기 위한 여러 방법이 필요하다.
　　사실 가정 내 성폭력의 경우에는 성폭력의 영향이 매우 장기화된다. 가족이기 때문에 거의 매일 얼굴을 맞대고 있어야 하며, 언제 위협이 닥칠지 알지 못하기 때문에 항상 불안과 긴장 속에 있다는 점은 정신 건강에 매우 치명적이다. 또한 성폭력의 장소가 주로 자기 집에서 이루어지기 때문에 가정이 주는 안정감이나 집이라는 장소가 주는 편안함 등을 전혀 누릴 수 없게 된다. 오히려 집은 위기와 불안의 장소가 되고, 집안에 있을 때마다, 때로는 자기 침대에서도 성폭력의 영상이 뇌리에 강하게 박히므로 계속적인 폭력의 영향에 시달리는 것과 같다. 또한, 가족들에게 알리지 못한 경우에는 가족들을 만날 때마다 아무 일 없었던 듯이 행동해야 하므로 가족 관계에도 큰 영향을 끼치게 된다. 결국은 집을 나오거나 삶을 끝내고 싶은 충동 때문에 가출을 하거나, 자포자기하여 아무렇게나 살게 되거나, 비행이나 매매춘 행위로 전락하거나, 극심한 경우 자살 시도를 하는 치명적 방법을 선택할 위험이 있다. 이러한 위기감이 느껴지기 전에 오히려 집을 나오는 것도 하나의 방법이 된다. 현재 많지는 않지만 성폭력 생존자들을 위한 쉼터가 몇 군데 운영되고 있다(부록 참조). 우선적으로 더이상 성폭력을 당하지 않고 그 후유증을 치유하고 회복하기 위해서 안전한 공간과 시간이 필요하다. 그렇기 때문에 아직도 가족 내에서 지속적 폭력을 당하고 있다면 반드시 전문 기관을 통해 도움을 받는 것이 필요하다.

강간이 일어나다

성폭력에 대한 사회의 관심이 급증되었을 때에는 강간만이 성폭력인 것으로 인식되었다. 서구에서도 성폭력에 대한 관심이 일기 시작한 1960년대에는 폭력을 행하는 가해자인 강간범의 인격적 특성에 초점을 맞춘 연구들이 주로 진행되었다. 자신의 남성다움을 사회적으로 받아들여질 만한 방법으로 표현하는 것을 배우지 못한 사람들이 범죄, 폭력이라는 일탈적 행위를 통해 그러한 욕구를 충족시킨다는 관점을 가지고 있었다. 또한 폭력을 일삼는 사람들이 가지고 있는 문화에서는 폭력이나 성폭력을 자연스러운 생활 양식으로 쉽게 받아들임으로써 성폭력이 손쉽게 일어난다고 보았다. 그러나, 1970년대에 와서는 여성학적 관점에서 성폭력을 보기 시작하면서 우리 사회의 전반적인 영역에서 남성과 여성의 성차별이 심각하게 진행되고 있으며 이것은 가부장적인 오랜 전통을 가지고 있어서 좀처럼 쉽게 전복되지 않는 상황에 있다는 것을 여성들은 깨닫게 되었다. 그런 맥락에서 본다면 강간, 근친 강간, 성희롱, 음란물, 매매춘 행위 강요 등의 다양한 형태로 나타나는 성폭력이 각각 분리된 것이 아니라 같은 맥락을 가지고 있다고 볼 수 있다. 즉, 여성에 대한 남성의 지배 혹은 통제의 표현 과정의 일부분이며, 여성을 지배하고자 하는 사회 구조에서 기인하고 있다는 것이다.

어쨌든, 성폭력이 피해자에게 주는 영향의 측면에서 본다면 다른 성폭력의 종류보다도 강간은 매우 치명적인 손상을 주는 것이 사실이다. 이는 정신건강에 심한 충격을 줄 뿐 아니라 신체적으로도 큰 손상이 생길 염려가 있기 때문이다.

잊혀지지 않는 기억

중학교 1학년 때였다. 학원이 끝나고 집으로 가는 길이었다. 어두운 골목길과 큰길이 있었는데 난 빨리 가려고 지름길인 골목길로 갔다. 그때 어떤 아저씨가 공중전화가 어디 있냐고 물으며 나에게 오더니 목에 칼을 들이댔다. 그때는 너무 당황해서 도망갈 생각조차 하지 못했다. 그 사람은 칼을 계속 들이대며 자기를 따라오라고 했다. 바로 우리집 앞도 지나갔지만 나는 도망갈 수 없었다. 계속 따라가고 있는데 그 사람이 팔짱을 끼라고 했다. 그리고선 다른 사람이 물으면 남편이라고 하라고 했다. 정상이 아닌 것 같았다. 그 사람은 전화 한 통만 걸어주면 보내주겠다고 했다. 그렇게 한참을 돌아다니다가 그 사람은 나를 공사장으로 데리고 갔다. 그리고는 옷을 벗으라고 했다. 나는 성폭행을 당했다. 그때를 생각하면 나는 아직도 이가 갈린다. 그 후에 그 사람은 내가 임신이 되면 수술을 해주겠다고 하며 우리집 전화 번호를 물었다. 나는 아무 번호나 생각나는 대로 말했다. 그러고 나서 나는 계속 끌려 다녔다. 그리고 어느 집 앞에서 나는 두번째 성폭행을 당했다. 나는 내가 죽이고 싶을 정도로 미웠다. 말로만 듣던 성폭행이 이런 거구나 생각하니 정말 죽고 싶었다. 그 후에 그 사람은 나를 어딘지 모를 곳으로 데리고 가서 집으로 돌아가라며 돈을 주었다. 천 원짜리 몇 장이었던 것 같다. 그날은 비까지 왔다. 비를 맞으며 무작정 집을 찾아 걸어다니다가 나는 그 사람이 준 돈을 모두 찢어버렸다. 내가 너무 초라해 보였다. 다시 상상하기도 싫은 순간이었다. 한참을 헤매다가 집에 돌아온 시간은 새벽 2시였다. 엄마랑 아빠는 그때까지 날 기다리고 계셨다. 엄마 얼굴을 본 순간 나는 울음을 터뜨리고 말았다. 나는 엄마에게 모든 이야기를 했다. 엄마는 날 목욕시켜 주시면서 계속 울었다. 그때는 그 생각만 하면 정말 미칠 것 같았다. 하지만 시간이 지날수록 그 일은 잊혀져 갔다. 그 일이 있고 몇 달이 지났다. 어느 날 학교에 갔다 오다가 그 사람을 보았다. 우리 동네에서… 그 얼굴, 머리 모양. 그때 입었던 가죽 점퍼까지 똑같은 모습이었다. 소름이 끼치면서 죽여버리고 싶은 마음뿐이었다. 그 후로도 몇 번 그 사람을 우리 동네에서 보았다. 볼 때마다 소름이 끼쳤지만 이제는 지나간 일이라고 생각하며 잊어버렸다. 그 후로 오랫동안 다 잊었다고 생각했다. 하지만 그 기억은 다 잊혀지지 않았다.

같은 날 두 번씩이나 위협적 상황에서 강간을 당했다면 신체적으로 매우 큰 피해가 있었을 것이다. 강제적인 성기의 삽입으로 인해 성기 주변에 상처가 나거나 이로 인해 출혈이나 통증이 생기기도 하고, 요도 감염이 생기기도 한다. 또한 매독이나 임질, 그리고 성관계를 통해 전염되는 에이즈 등과 같은 성병에 감염될 수도 있다. 사춘기가 막 지난 여자 청소년들 중에는 성 지식이 부족하여 강간이 일어난 후 자신의 몸에서 무엇이 진행될지에 대해 정확히 알지 못함으로 인해 매우 큰 불안에 시달리는 경우도 있다. 또한 아직 신체 발달이 완전히 종료된 것이 아니기 때문에 신체적 손상은 매우 치명적이다. 그러나 무엇보다도 피해자의 입장에서는 강간으로 인한 임신이 가장 큰 타격을 주는 일이다. 임신의 경우에는 피해자는 본인의 의사에 의해 임신 중절을 할 수 있으며, 다른 선택을 원하는 경우에는 출산과 입양에 도움을 주는 기관들이 있으므로 이용할 수 있다.

성기 부근의 손상 이외에도 반항을 하다 일어나는 타박상, 뇌진탕, 장기 파열, 그리고 보행의 어려움 등을 겪게 될 수도 있다. 또 시간이 지날수록 신체적 증상이 없어지지 않고 매일 불면증에 시달리게 되거나 두통, 복통, 가슴 통증이 생기거나, 또는 메스껍고 식욕이 매우 상실되거나 폭식을 하는 등의 섭식 장애(eating disorder)를 동반하게 될 수도 있다. 이러한 신체적 후유증을 최소로 감소시키기 위해서는 성폭행이 일어난 후 지체말고 병원에서의 응급 처치와 검사를 받는 것이 필요하다. 가능하면 피해 직후 가야 하지만, 늦어도 72시간 내에 피해 내용을 확인 받아야 법적 대응을 하는 데 도움이 된다. 병원을 가기 전에는 목욕이나 상처의 치료 등 피해의 증거를 인멸할 수 있는 행동을 하지 말고 증거를 남길 수 있도록 의사와 상의하여야 하겠다. 그러므로 성폭력 전담 의료 기관으로 가는 것이 피해자에게는 심리적 부담을 줄일 수 있을 것이다. 잘 모른다면 성폭력 상담소로 문의하면 적절한 병원을 안내해 줄 것이다. 어떤 경우에는 성폭력 피해 사실을 아무에게도 알리지 않음으로 인해서 신체적 피해도 그냥 방관할 수 있다. 그러나, 이는 심신의 악화를 가져오는 일이므로 반드시 진료가 필요하다. 또한 육안으로 보이는 증상이 없어지면 치료를 중단하는 경우가 많으나 지속적인 치료와 관리를 요한다.

강간은 장기적 후유증을 유발할 수도 있다. 신체적 및 정신적 충격으로 인해 피해자는 강간 후유증이라 할 수 있는 외상 후 스트레스 장애나 다면적 인격 장애 등과 같은 정신질환을 앓게 되거나, 심한 경우 자살을 할 위험도 있다. 그러므로 여성에게는 충격적 사건인 성폭력 피해 후에는 회복을 위한 충분한 시간과 안전한 공간이 필요하다. 위로와 격려를 하고 도움을 줄 수 있는 친구 및 이웃이 필요한 것이다.

예전에 나는 이렇지 않았는데…

언제인지는 잘 모르겠다. 생각하기조차도 싫어 잊으려고 많이 노력했던 거기 때문이다. 친구들과 놀다가 너무 늦은 것 같아서 먼저 들어오는 길이었다. 집에 가는 길이 한적했지만 난 아무렇지도 않았다. 그렇게 집을 향해 가고 있는 찰나에 어떤 차 한 대가 내 옆에 서는 것이었다. 난 아무렇지도 않은 듯 가려고 하는데 나를 막 부르는 것이었다. 나는 차 안을 들여다보았다. 30대 후반 정도 된 아저씨였다. 아르바이트하고 싶지 않느냐고 나한테 물었다. 나는 맘이 좀 쏠렸던 것도 사실이지만, 그 시간에 차에 탄다는 건 말이 안 되기 때문에 가려고 했다. 그러나, 계속 나에게 강요를 하기에 나는 할 수 없이 시동 끄고 그냥 앉아서 얘기하자고 했다. 그래서 한 10분간 앉아서 이야기하는 도중 아저씨는 갑자기 차에 시동을 켜고 출발하는 것이었다. 나는 왜 그러냐고 그랬더니 드라이브나 하자고 하는 것이었다. 맨 처음에 창문을 열고 음악을 들으며 신나게 자유로를 달렸다. 그때까지만 해도 그 아저씨는 그런 대로 괜찮아 보였다. 근데 갑자기 한적한 곳에 차를 세우는 것이었다. 나는 좀 무서웠다.

그런데 그 아저씨가 갑자기 창문을 올리고 불을 끄는 것이었다. 나는 왜 이럴까? 하면서 대충 눈치를 차렸다. 내리려고 하는데 문도 안 열리고 내가 아저씨를 거부하니까 때리기 시작하는 것이었다. 그러면서 그 아저씬 나에게 몸을 요구했다. 나는 울며 빌며 부탁이라고 하지 말라고 했다. 그렇지만 그 아저씬 내 목을 조르며 죽고 싶으면 그냥 있고 죽기 싫으면 하라고 했다. 나는 강간을 당하고 말았다. 죽고 싶었다. 돌아오는 길에 아저씨는 계속 미안하다고 했고 나는 계속 울고만 있었다. 내릴 때 아저씬 연락처와 돈 십만 원을 나에게 주었다. 나는 내리자마자 뒤도 안 돌아보고 뛰었다. 하지만 너무 다리가 후들거리는 것이었다. 또 나의 머리를 스치는 것 한 가지. 바로 수첩이었다. 나의 모든 게 들어 있는 수첩을 그 차에 떨어뜨렸나 보다. 나는 불안해졌고 잠도 못 잤다. 학교 갔다왔는데 전화가 왔다. 생각하기도 싫은 그 아저씨였다. 수첩을 주겠다고 만나자고 혼자 나오라고 했다. 나는 또 무서웠다. 나는 용기를 내어 친구들에게 말을 했고 그 말을 들은 친구들은 울기 시작했다. 내 가슴도 찢어지는 듯 아팠다. 우리 세 명은 그 아저씨를 만나러 나갔다. 수첩을 받기 위해… 수첩은 받았지만 불안한 건 마찬가지였다. 그 아저씬 이미 수첩 속의 전화번호를 거의 다 베껴 썼기 때문이다. 우리는 그곳을 빠져나와 아저씨가 없는 우리 동네로 왔고 버스 정류장에서 내려 걸었다. 그 순간 나는 또 눈앞이 깜깜해지는 것이었다. 왜냐하면 그 아저씨가 내가 가야 되는 그 길 앞에 서서 음흉한 미소를 짓고 있었기 때문이다. 나는 무섭기 시작했다. 친구들과 빨리 벗어나고 싶어 걸음을 재촉했다. 막 걷는데 삐삐가 온 것이었다. 음성이었다. 들어보니 그 끔찍한 목소리 그 아저씨였다. 친구들 보내고 그때 차 탔던 그 장소로 나오라고 안 나오면 아빠한테 알린다고…, 난 미칠 것만 같았다. 어쩌면 좋을지 몰랐다. 그 이후로도 가끔 전화는 온다. 그때마다 그 기억이 또 되살아난다. 미칠 것만 같이…

지금 새 남자친구가 있다. 그 아인 이런 사실을 모른다. 난 그 애에게 너무 미안하다. 그렇지만 그 일로 인해 달라진 나는 더더욱 보기 싫다. 그 남자친구는 그 사실을 내 친구를 통해 알게 된 것 같다. 난 그런 것도 모르고 그 애가 몸을 요구할 때 맘대로 하라고 했다. 하지만 그 앤 날 붙들고 울며 그러지 말라고 자신을 아끼라며 그렇게 말하는 것이었다. 난 너무 슬펐다. 예전엔 나란 인간, 정말 이렇지 않았는데 …난 그 아저씨를 저주하고 미워하며 증오할 것이다.

이 사례는 밤늦게 지나가다 모르는 사람에게 강간을 당한 경우이다. 그런데, 이 사례에서 가해자는 피해자에게 "몸을 요구했고", 피해자는 구타와 함께 강간을 당하였는데, 그 이후 가해자는 돈을 주었다고 한다. 마치 돈만 주면 성은 살 수 있는 것으로 여기는 성문화가 그대로 여과 없이 드러나고 있다. 피해자의 경우에도 이 일에 대해서 남자친구에게 미안한 마음을 가지고 있었으며, 그 이후 성에 대해서도 자포자기하는 듯한 마음을 가지게 되었다. 보통 여학생들의 생각도 이 여학생과 비슷할지도 모르겠다. 그렇다면 이는 지배적인 남성 중심의 성문화가 여학생들의 생각 속에도 뿌리를 내리고 있다는 것을 의미한다. 남성들은 성을 사는 사람이고, 여성들은 이에 반항하지만 응할 수밖에 없으며, 그렇게 성폭력을 당했음에도 불구하고 남자친구 앞에서 자신이 잘못했다고 느끼는 것이다. 성에 대한 주도권과 주체성을 잃고 무력하게 되는 것이다.

그렇지만 엄밀히 따져보면 피해자는 아무런 잘못을 하지 않았다. 밤늦게 다니고, 낯선 사람의 차에 탄 것이 강간과 구타를 당할 이유

일 수는 없다. 만약 여성들이 그렇게 조심한다면 과연 성폭력은 없어질 수 있는 것인가? 절대로 그렇지 않다. 전적으로 성폭력은 가해자의 잘못인 것이다. 만약 우리가 문단속을 소홀히 하여 집에 강도가 들었다고 해도, 문단속을 소홀히 한 것이 강도를 들게 만든 죄라고 말하지는 않는다. 또한, 그 피해자에게 문제가 있다고 보지도 않는다. 마찬가지로 성폭력 피해자는 문제가 있거나 잘못을 한 것이 아니라, 가해자에 의해 폭력을 당한 것이다.

그러므로, 성폭력을 당한 일에 대해 너무 많은 의미 부여와 죄책감을 가질 필요가 없다. 성에 대한 우리 사회의 통념은 남성 위주로 진행되고 있으며 남성들 편에서 여성은 순결해야 하고 정조를 지켜야 한다는 관념이 강요되었다. 엄밀히 말하면, "순결을 잃었다"고 하는 말은 그 자체로서 모순이 된다. "순결"이란 관념은 남성이 여성에게 짜준 옷이라 할 수 있고, "순결을 잃었다"는 의미는 말 그대로 본인의 동의 없이 강요된 성관계를 갖게 되었다는 뜻이다. 그렇다면 순결을 잃었다는 말은 성폭력을 당했다는 말인 것이다. 그런데도 가해자인 남성들은 그 책임을 오히려 피해자인 여성들에게 전가하고 있는 것이다.

따라서 성폭행을 당했다고 내 몸의 소중함이 사라지거나 버려진 것이 아님을 기억하자. 물론 내 몸에 대한 주체권을 행사하지 못하고 침해당함으로 인해 말할 수 없는 불쾌함과 분노를 느끼게 되는 것은 사실이지만 성폭력을 당하고도 남성들의 논리처럼 뭔가 잘못한 것처럼 느낄 필요는 없다. 이 사례에서처럼 자포자기하고, 가해자를 무작정 피하기만 하는 것은 문제 해결을 어렵게 할 수도 있다. 오히려 당

강간이 일어나다 — 93

당하게 그런 일들이 사라지도록 신고를 해야 한다. 그런데도 아직은 우리 사회의 인식이 변하지 않아서 성폭력 피해 여성들은 사회가 주는 낙인에 의해 또 한번 상처를 받게 되는 상황이 안타깝다.

성폭력을 당할 때 피해를 줄이는 방안은?

성폭력을 당할 위기에 처했을 때에 피해를 줄일 수 있는 몇 가지 방안을 기억해 둡시다.

- 될 수 있는 한 빨리 그 자리를 떠나 더 이상의 피해를 막도록 한다.
  - 급소를 발로 차거나 호신용 도구를 사용하고 도망친다.
  - 가해자가 남성인 경우, 고환을 비틀거나 발로 세게 차고 도망친다.
  - 갑자기 깨물거나 할퀴고 재빠르게 도망친다.
  - 눈이나 머리 같은 곳을 세게 치거나 찌르고 재빨리 도망친다.
  - 그 밖의 여러 가지 기지를 이용하여 신속하게 그 자리를 피해 도망친다.

- 성폭력 가해자가 더 이상 성폭력 행위를 할 마음이 없어지도록 하는 말이나 행동을 한다.
  - "당신이 지금 하는 행위는 성폭력입니다"
  - "당신은 당신의 딸(동생이나 아내)이 내가 당하는 것과 똑같은 일을 당한다면 어떻겠습니까?"
  - 청소년 자신의 집인 경우, 집안 어른이나 손님이 곧 오실 시간임을 믿도록 한다.
  - 간질 발작이나 신체적 경련이 일어나는 것같이 이상한 행동으로 가해자를 놀라게 한다.
  - 대소변 등의 긴급한 용무를 끊임없이 호소한다.
  - 임질이나 매독 등의 성병이나 에이즈 감염자인 것처럼 위장한다.

- 낯선 사람으로부터 성폭력을 당할 때 잘못 대응하면 오히려 피해가 더 큰 경우도 많다. 성폭력 가해자가 낯선 사람인 경우는 세심한 주의와 각별한 대책이 필요하다.

- 가해자를 더 흥분시키거나 폭력적으로 만들 만한 말이나 행동은 삼가는 것이 오히려 피해를 줄일 수 있다. 특히 집단적으로 폭행을 가해오거나, 생명의 위협을 받는 경우, 성폭력 이외의 신체적 상해 위험이 큰 경우, 극도의 불안이나 공포심을 유발하는 경우는 더욱 그렇다.
- 가해자가 낯선 사람인 경우, 그 사람의 얼굴 특징, 외모, 신장, 체격, 머리색깔이나 모양, 연령, 말투, 목소리 특징, 옷차림, 기타 특징을 관찰하고 확실하게 기억해 둔다.

자료 제공 : 청소년 대화의 광장, 「성폭력 피해의 예방과 지도」(1998)

데이트중에 성폭력이

데이트 성폭력은 최근에 와서 주목받고 있는 성폭력의 한 형태이다. 우리 나라에서도 이성 교제의 연령이 점차적으로 낮아지고 있고 청소년들의 이성 교제는 매우 보편적인 일이 되고 있다. 그런데, 우리 사회에서는 아주 어릴 적부터 남성의 역할과 여성의 역할이 뚜렷이 구분된 가운데 남성은 "남성답게", 여성은 "여성답게"라는 목표 아래 서로 다르게 자라왔기 때문에 데이트할 때에도 남녀는 전혀 다른 문화권에서 자신이 살아온 방식대로 의사 소통을 하게 된다. 급기야는 서로 말이 잘 통하지 않는 의사 소통의 불일치를 경험하게 되고, 이는 성폭력을 일으키는 원인 중 하나가 된다. 우리는 흔히 성관계 (sexual relationship)라는 용어를 쓴다. "관계"라는 것은 곧 "의사 소통'(communication)을 의미한다. 성은 관계를 의미한다. 관계가 없는 성 행동은 무의미하다. 성애는 나와 남과의 관계이고, 자위 행위는 나와 나와의 관계이며, 성폭력은 일방적 관계를 말하는 것이다. 데이트란 기본적으로 나를 위해 주고 마음이 통하는 관계를 가지기 위한 것이다. 그러나 그것이 무시되었을 때에 상처를 받게 된다.

순수함을 잃은 것 같다

난 중2 때 겨울 처음으로 남자친구라는 존재를 알게 되었다. 지금 기억으로는 좋은 기억보다는 나쁜 기억으로 남아 있다. 그 애와의 사이는 부모님이 모두 아셨기 때문에 흔히 말하는 건전한 교제를 하고 있었다. 같이 영화도 보고, 공부도 하고, 그 애 부모님과 외식도 하며 지냈다. 그런데 그 애가 몹시 나를 실망시켰다. 난 정말 그 애를 믿었었다. 맨 처음 공중전화 박스 안에서 볼에 뽀뽀를 해준 것으로 단계가 발전해 간 것 같다. 그 후 시간이 흐르면서 지하철역, 노래방, 독서실, 휴게실 등에서 자연스럽게 키스를 하게 되었다. …그러면서도 그 애가 더 이상을 기대하고 있는지 몰랐다. 어느 날 키스를 하다가 그 애의 손이 가슴으로 들어왔고 서서히 그 애의 입술이 다가왔다. 처음엔 무척 당황했다. 그렇지만 그 애를 정말 좋아했기에 괜찮다고 생각했다. 우린 서로의 집에 자주 놀러 갔기 때문에 장소에 대해 신경 쓰지 않았다. 내 기억으로는 자주 성적인 행동을 한 것 같다. 자꾸 그 생각으로 공부에 집중을 하지 못했지만, 반장도 하고 성적도 어느 정도 유지하고 있었기 때문에 부모님들도 우리 사이를 그저 평범한 동성 친구처럼 생각하고 계셨고 그렇게 대해 주셨다. 그러면서 성 접촉은 점차로 늘어갔다. 난 그 애의 알몸을 보게 되었다. 그 애는 나한테까지 옷을 모두 벗으라고 했다. 하지만 난 거부했다. 싫었다. 아무리 좋아한다고 해도 결혼 전에 성관계를 갖는 것은 피하고 싶었기 때문에 끝까지 벗지 않았다. 내가 끝까지 거부를 하자 그는 성기를 내 입에 넣었다. 미칠 것 같았다. 정말 더러웠다. 이상한 무언가가 흘러 나왔고 정말 더러웠다는 기억밖에 없다. 솔직히 그때 그 애에 대한 좋았던 감정이 다 사라졌다. 그래도 그 앤 욕구가 부족했었는지 내 가장

소중한 곳에 손가락을 집어넣었다. 정말 미치는 줄 알았다. 나는 벌떡 일어나 싫다고 말하고 싶었지만 우리 사이가 끝날 것 같아 그 애 비위를 조금씩 맞추려고 참았다. 난 그 애와 깨지고 싶지 않았기 때문이었다. 하지만 결국 못 참은 난 반항을 했다. 그러자 그 애의 표정이 바뀌었는데 난 기가 막혀 어이가 없었다. 내가 믿었던 사람이 이 정도밖에 되지 않으니… 실망에 더 큰 실망을 했지만 그래도 사이를 끝내고 싶지는 않았다. 그런데, 그 일 이후로 그 애는 변했고 내 친구 중 야한 것에 관심이 많았던 친구와 가까워지고 전화로도 주로 그런 얘기를 하고 있다고 다른 친구한테 들었다. 믿었던 이성 친구, 제일 친하다고 생각했던 친구에 대한 배신감보다는 인간이라는 그 자체가 지겹다는 생각을 했다. 뭐라고 표현해야 될지는 모르겠지만 그 애를 만나기 전까지는 모든 사람에게 진실한 마음으로 순수하게 다가갔지만 지금은 잘 되지 않는 것 같다. 나의 순수함을 잃은 것 같아 후회가 되고 내 생각이 뒤죽박죽이 된 느낌이다.

흔히 말하는 "내숭"이란 단어는 좋으면서도 싫은 척하는 것이란 뜻이다. 남성들은 성적인 요구를 할 때에 여자애들이 "싫다"고 하는 것은 내숭의 영역에 속하는 것이라고 받아들인다. 사실 한편으로는 성에 관해 적극적인 표현을 하면 안 되고, 수동적인 것이 여성답다는 교육을 받아온 여성들은 "나는 여자인데 어찌 내가 원한다고 해도 그것을 원한다고 할 수 있나?" 하며 성에 관해 모르는 척, 싫어하는 척하는 태도에 어느덧 물들어 있는 경우도 있다. 그래서 남성들은 데이트중인 상대방 여성이 싫다고 하여도 자기 나름대로 해석하여 강제성을 취하고, 여성의 경우에는 원하더라도 싫다고 말하여 혼란을 초래하게 만들기도 한다. 특히 성에 관한 대화를 금기시해 온 문화의 영향으로 서로의 스킨십이나 성적 표현에 대해서도 명확하고 진실한 의사 전달이 이루어지지 못하고 매우 모호하거나 오해를 불러일으킬 소지가 많이 생기는 것이다. 사실 서로를 만지는 것은 서로간에 관심과 사랑의 표현이다. 그러나, 그것은 서로가 합의할 때에만 그렇다. 상대방에서 거절을 할 경우에는 그 거절이 받아들여져야 좋은 관계가 계속 유지되는 것이다. 그런데, 성적인 만족에 너무 몰입하다 보면 성은 데이트 과정에서도 욕구의 충족을 위한 도구가 돼버리는 경향이 높다. 드디어 좋은 감정보다는 실랑이가 진행된다. 여기서부터는 합의되지 않은 신체적 접촉이 성폭력의 차원으로 발전하게 되는 것이다. 누구든 어떤 상태에 있건 상대방이 원치 않는 것을 강압적으로 이루려고 하는 것은 폭력이기 때문이다.

청소년기에는 남녀 모두 성에 대하여 매우 관심이 많은 상태에 있고, 자신의 성을 다루고 조절하는 방법을 배워나가는 시기이다. 아울러 상대방의 성에 대해 존중하는 법도 함께 배워야 한다. 그런데, 데이트하는 남녀는 주로 친구들로부터 많은 정보를 얻게 되고, 이때에 남자아이들은 여성들을 강압적으로 정복하는 일을 마치 자랑처럼 생각하는 문화에 접하고 물들게 된다. 그래서 연인 관계에서조차도 남성들은 가부장적이고 억압적인 태도를 취한다. 강압적으로 성관계를 하도록 조장하는 것이다. 여성들은 관계가 깨어질 것이 두려워 거절하기를 어려워하고 따라서 겉으로는 동의하는 것 같지만 사실은 두려움과 위협에 의해 반강제적 합의를 하는 것이다. 사랑하니까 괜찮다거나 나를 못 믿느냐 등의 언어적 위협으로 상대방을 위축시킨 뒤 남성들은 강제적 관계를 이루려 한다.

그렇다면 데이트 성폭력은 보통 어떻게 일어나는가? 데이트에서 폭력으로 연결되는 과정에 가해자들은 그 나름대로의 합당한 코스를 만들어 간다. 그래야 빠져 나오기 힘들기 때문이다. 대개는 자연스럽게 성관계로 넘어갈 수 있는 술이나, 빠져 나올 수 없는 집, 은폐되어 있는 비디오방 등의 장소로 귀결이 되는 코스를 밟게 된다. 그들은 의도를 가지고 접근하고 상대방에게 동의를 구하지 않는다. 많은 경우 함께 술을 마시게 되는데, 술은 그들의 의도를 감출 수 있는 하나의 변명거리가 되고, 술 취해서 그런 실수를 했다고 변명하고, 또는 상대방도 술 취했기 때문에 판단력이 흐려져 넘어가기 쉽다는 점을 이용할 수가 있다. 그러나, 그것은 술의 탓으로만 돌리기에는 너무 의도적이다.

데이트 성폭력의 의도를 가지고 첫 만남에서 성폭력을 한 사례를 한번 살펴보자. K가 어느 날 매우 침울한 얼굴로 상담에 왔다.

"선생님, 드릴 말씀이 있어요."
"뭔데 그러니… 오늘은 얼굴이 좋지 않아 보인다."
"어제 성폭력을 당했어요. 어제 아는 오빠와 만났는데, 자꾸만 비디오방에 가자고 하는 거예요. 맨 처음에는 싫다고 하였지만, 뭐 설마 하니 무슨 일이 있을까 싶어서 따라갔어요. 그런데, 이상한 비디오를 시켜서 보기 시작하더니, 급기야는 나를 꼼짝도 못하게 만들고 결국은 당했어요."

우리는 그 길로 곧장 성폭력 상담소의 추천으로 알아둔 산부인과로 전화를 걸었고, 바로 일어나서 산부인과로 갔다. 우선 진찰과 함께 혹시 고소하게 될지 모르는 일을 대비해서 검진을 받았다. 그 곳에서 성폭력 때문에 산부인과에 오게 되었음을 밝히자, 간단한 상담 신청서를 작성하도록 하였고, 몇 가지 검사와 치료를 실시하였으며, 혹시 있을 고소에 대해 증거 자료를 확인해 놓았다.

의사 선생님은 "질 주변이 저항을 하다가 삽입을 하여서 그런지 많이 파손이 되었네요… 성폭력으로 볼 수 있겠습니다. 우선 정액 체취를 하였고, 증거 자료로서 촬영도 하였습니다. 고소를 하고자 한다면 진단서를 발급해 드릴 테니 상담 선생님께서 이 아이와 가족들과 잘 의논해 보세요. 그러나, 얼굴을 아는 사람일 경우 또다시 성폭력을 당할 위험이 크니 권하기는 고소를 하시는 것이 좋겠네요."

K는 새파랗게 질려서 나왔고, 엄마에게는 얘기조차 꺼낼 수 없다고 난감한 표정을 지었다. 급하게 진료를 마치고 약을 받아서 나오면서 "녀석아, 비디오방 가자면 뻔한 건데, 잘 알지도 못하고 따라가면 어떡하냐…" "그래도 정말 그럴 줄은 몰랐어요…"라고 말하였다. K는 그 오빠와 둘이서 데이트를 한 것은 그날이 처음이었고, 그렇기 때문에 더군다나 그 사람에 대해 잘 몰랐던 것이다. 상대방의 의도를 알았건 몰랐건 강제적으로 폭력을 사용하여, 원하지 않는 관계를 갖고자 하는 것은 성폭력이며, 이는 범죄에 해당하는 일이다. 단지 데이트를 이용한 것이다. 대부분의 경우에 여성들은 이런 일을 당하고도 혹시 내가 모호한 태도를 취해서 내 잘못도 큰 것이 아닌가라는 생각때문에 아무런 반항을 하지 못하는 경우가 많다. 또, 상습적으로 만날 때마다 성폭행에 가까운 관계를 경험하게 되기도 한다. 그러나, 한 쪽

이 원하지 않거나, 준비가 되지 않았는데 강제적으로 이루어지는 모든 일은 이유를 막론하고 성폭력이고 가해자의 잘못이라는 사실을 기억해야 할 것이다.

그러나, 때때로 데이트 성폭력에 대해서 남성들은 항변을 하기도 한다. 왜 여자들은 모호한 태도를 보이는가? 좋은 척하다가 나중에 왜 당했다고 말하는가? 도대체 어디까지가 내숭이고, 어디까지가 진짜인가? 많은 젊은 남자들은 이러한 점들에 대하여 함께 사귀고 있는 여성을 의아하게 생각하는 경우가 있다. 사귀고 있는 여자에게 자기 집에 놀러 가자거나, 비디오방에 가자고 하는 것은 당연히 성관계를 포함하여 하는 말인데, 그것은 뻔한 일인데 그때에는 의중을 파악하지 못한 척 하다가 막상 옷을 벗기려 하면 왜 딴청을 하면서 이럴 줄은 몰랐다고 펄쩍 뛰는지 모르겠다는 것이다. 자, 이 말을 어떻게 받아들여야 하는 것일까?

그 동안 여성들은 사회 통념상 성적으로 순결하고 정숙한 여성은 성행위에 대해 일반적으로 거부의 의사를 나타내는 것으로 여겨지고 있었기 때문에 남성들은 이를 완곡한 긍정의 표시로 받아들인다. 그리고 사회적으로도 데이트 강간을 혈기 왕성한 남성이 속으로는 원하면서 겉으로는 거부하는 여성에게 행한 성행위 정도로만 보아온 것이다. 남성들은 사귀고 있는 여성의 태도를 어떻게 해서든지 "OK" 사인으로 받아들이고 확인 없이, 의심 없이 성관계로 몰아간다. "괜찮아! 사랑하기 때문에 하고 싶다고 하면 되잖아"라고 스스로에 대해서는 합리화를 하고, 여성에게 억지 동의를 받아내는 것이다. 남성들은 여성도 동조하였다고 생각하는 경우가 많지만, 실상은 여성들은 위협과 불안 속에서 강요된 동의를 선택하는 경우가 많은 것이다.

그렇기 때문에 여성들은 거절하고자 할 때는 거절의 의사를 더 명확히 표현할 수밖에 없다. 때로는 거절을 하는 것이 관계를 깨뜨리는 것같이 느껴져서 두렵다. 그러나, 명확한 의사소통은 데이트 성폭력을 막기 위한 지름길이다. 또한, 진실하게 이야기하고, 진실하게 받아들여주는 것 — 그것이 서로를 성숙한 사랑으로 이끄는 길이다. 가능하면 성적 접촉에 관하여 데이트하면서 미리 대화를 하는 것이 중요하다. 순간의 감정에만 맡기는 것이 아니라 미리 이성적 판단을 해놓는 것이 훨씬 더 현명하다. 미리 서로 충분히 의논할 수 있도록 하자. 데이트중에 성적인 대화가 잘 되지 않더라도 하나하나 의견의 교환을 해놓는 것이 나중에 일어날 일들을 방지하는 데 도움이 될 것이다.

데이트 성폭력 예방을 위해 알아두어야 할 사항들

- 평소 자기 주장을 분명히 하는 태도를 갖는다.
- 성폭력이라는 사회적 이슈에 대해 명확하게 자기의 입장을 정리해 둔다.
- 규칙적인 운동과 체력 단련을 통해 힘과 자신감을 기르고 호신술을 익혀둔다.
- 데이트 상대를 선택할 때는 다음과 같은 남성을 피한다.
  - 당신을 평등하게 대하지 않고 무시하거나 모든 결정을 자기 마음대로 하는 남자.
  - 당신의 행동과 생활을 지배하려는 남자.
  - 여성 일반에 대해 부정적으로 말하는 남자.
  - 소유욕과 질투심이 강하거나 신체적, 언어적으로 공격하는 남자.
  - 술이나 약물을 지나치게 복용하거나 그럴 때 형편없이 행동하는 남자.
- 상대를 잘 모르거나 친밀한 관계가 될 마음이 없을 때는 그의 집에 가거나 그를 당신의 집에 초대하지 않는다.
- 집으로 돌아오는 길을 잘 모르는 곳에서 데이트하지 않는다.
- 첫 데이트 때는 상대의 차를 이용하지 않는다.
- 성관계를 갖겠다는 결정 없이는 함께 숙박업소에 가지 않는다. 자취방에도 가지 않는다.
- 모든 데이트 비용을 상대가 지불해서 성관계를 거절하기 힘든 상황이 되지 않도록 한다.

음흉한 목소리, 음란 전화

다매체 시대에 살고 있는 우리들은 전화, 영화, 컴퓨터 통신, 인터넷에 이르는 많은 매체로부터 폭력의 피해자가 되기도 한다. 이러한 매체를 매개로 한 성폭력 중 가장 전형적인 것이 음란 전화이다. 자기를 방어할 능력이 없는 상대에게 전화를 걸어 자신이 몰두하고 있는 일방적인 성적인 내용을 말하거나 상대편의 성적 행위에 관한 이야기를 유도하며 자위를 하는 행위 등이 가장 흔한 방식이다. 또한 최근에는 사이버 상의 성폭력이 주된 이슈들로 떠오르고 있다.

왜 그런 전화를 하는지 모르겠다

어느 날 집에 혼자 있었는데 전화가 왔다. 전화를 받으니 남자였다. 어른 있냐고 하기에 없다고 하였더니 나보고 몇 학년이냐고 하였다. 그래서 중2라고 했더니 "그럼 말해도 되겠다" 하며 그쪽으로 이야기를 시작했다. 내용은 한마디로 더럽고 추잡하고 지금 생각하면 그때 욕이나 실컷 해줄 걸… 하는 후회가 된다. 그 내용을 말하자면 자기가 지금 막 성접촉을 마쳤는데 여자 성기에서 하얀 액체가 나와 자기가 빨아줬는데 그

107

게 자꾸 나오면 어떻게 하냐고 물어왔다. 나는 너무 황당하고 창피한 느낌까지 들어서 "산부인과에 전화하세요" 하고 끊으려고 했다. 그랬더니 그쪽에서 "잠깐"이라며 계속 말을 했다. 지금 생각하면 그때 내가 바보같았다고 생각된다. 계속 수화기를 들고 그 추잡한 이야기를 들었기 때문이다. 하여튼 그때 한 10분 동안 전화기를 들고 있다가 아무래도 안되겠다 싶어 끊었다. 그랬더니 다시 전화가 와서 왜 끊냐고 막 화내는 것이었다. 그래서 무서워져서 또 끊어버리고 전화 코드를 빼버린 후 엄마 올 때까지 기다렸다. 엄마가 오신 후 그때 전화를 연결했다. 그때 그냥 엄마한테 이상한 전화가 왔었다고만 하고 그 전화 내용을 말하지 않았다. 괜시리 죄 지은 것 같고 내가 너무 바보 같다고 생각되어서 말이다. 하여튼 이 일이 나에게 충격으로 다가왔었던 것 같다. 아직도 그 전화 내용이 생각나는 걸 보면 말이다. 왜 그런 전화를 하는지 모르겠다. 자신에게 남는 것도 없으면서 아무래도 정신에 문제가 있는 것은 아닐까?

음란 전화를 거는 사람들에게 특징이 있다. 우선 목소리가 왠지 음산하고 음흉한 느낌이 든다. 그들은 오랫동안 혼자만의 성적인 세계에 갇혀서 아마도 혼자서 매우 수동적이면서도 또한 공격적인 방법으로 자가의 성적 욕구를 해결해 나가면서 살았을 것이다. 즉, 상습적으로 음란 전화를 자주 거는 사람들은 성적인 부분뿐만 아니라 생활 전반에 걸쳐서 적극적인 문제 해결 방식을 잘 사용하지 않는다고 할 수 있다. 그렇가 때문에 성에 관한 부분 역시 가장 손쉽고도 소극적인 방법으로서 처리를 하고 있는 것이다. 타인의 입장을 고려하고 이해할 수 있다기보다는 자신의 입장밖에 생각하지 못하게 된다.

폰팅이요?

내가 중학교 2학년 폰팅이 유행처럼 여겨졌던 시기의 일이다. 겨울 방학이라 난 밖으로 나가기보다는 집에 있으려고 했었고 자연히 집에 있는 시간이 많아지게 되었다. 부모님 모두 계시지 않던 어느 날 오후 난 뜻밖의 전화를 받게 되었다. 낮은 목소리의 남자아이였다. "여보세요" "누구세요?" "난 ○○인데 폰팅하실래요?" "폰팅이요?" 심심하던 차에 잘되었다 싶어 난 아무런 거리낌없이 승낙을 했고 한두 번 통화 횟수가 늘어갔다. 오빠라 말도 잘하고 편안함이 느껴졌다. 학교 이야기부터 연예인 이야기에 이르기까지 즐거운 시간이었다. 그런데 그 오빠가 여자친구와 헤어진 이후로 변해 가기 시작했다. 그 여자친구와 키스를 했는데 더 깊은 관계를 가지려고 시도를 하다 실패를 했다며 그때의 느낌에 괴로워하고 있다는 거였다. 통화를 해도 내용이 이상야릇한 곳으로 빠지기 일수였고 난 당황해 하기 시작했다. 키스를 해볼 때의 느낌을 설명하며 자위 행위에서부터 성행위 그 모든 것을 말하기 시작했다. 처음엔 "흥미로웠다'고나 할까? 듣기에 별로 싫지 않았다. 그런데 횟수가 거듭될수록 내 스스로 위기가 느껴졌다. 성이란 것을 고귀하고 순결하게 생각한 나에게 성이란 추악하고 더러운, 즉 쾌락만으로 여기게 했던 것이다. 그 이후 난 그 오빠와 연락을 끊고 이렇게 잘살고 있다. 하지만 그때의 상상은 내 기억 어딘가에 자리잡아 지워지지 않고 있다.

이러한 경우는 단순한 한번의 전화라기보다는 음란성 전화를 할 수 있는 분위기를 조성하고 안전하게 즐기는 것이라고 볼 수 있다. 어느 정도 친해진 것 같은 생각이 들고 나면 사실 끊기도 쉽지 않다. 얼굴을 볼 수 없는 전화라는 매체이기 때문에 더욱더 상대의 반응을 무시하고 성적 만족을 취할 수 있는 것이다.

음란 전화가 계속해서 걸려올 때

잘 알지 못하는 사람에게 지속적으로 음란 전화가 걸려올 때가 있다. 이러한 경우에 밤에도 음란 전화가 올까봐 전화벨이 울릴 때마다 깜짝깜짝 놀라곤 한다. 물론 혼자 산다면 전화 번호를 바꾸어 버리거나, 목소리를 식별하여 전화를 끊는 방법 등의 소극적 해결을 하는 것도 하나의 방법이지만, 전화가 지속적으로 오거나 전화가 오는 자체가 너무나 큰 스트레스를 준다면 해결을 해야 한다. 우선 전화국에 전화 번호 역추적을 요청하여 처벌할 수 있다. 성폭력 특별법 제14조에는 통신 매체를 이용하여 성적 수치심이나 혐오감을 일으키는 말이나 음향 등을 상대방에게 도달하게 한 자를 피해자가 고소하면 1년 이하의 징역이나 300만 원 이하의 벌금에 처하도록 규정하고 있다. 따라서 음란 전화가 자주 오는 경우에는 상대방의 전화 번호를 역추적할 수 있는 발신인 추적 서비스를 신청해 놓고 이용하거나, 그 외에 음란 전화가 온 후 전화국에 문의하면 전화 번호를 추적하는 방법이 있다. 따라서 당하고만 살지 말고 적극적인 해결을 할 수 있으면 좋겠다. 이는 다른 선의의 피해자가 생기는 것을 막고, 가해자가 다른 사람들에게 더 이상 고통을 주지 않도록 돕는 것이기 때문이다.

사이버 상의 성폭력

내가 고1 때였다. 통신을 즐겨하던 나는 호기심 반, 기대 반으로 대화방에 들어갔다. 친구들이 하도 재미있다고 하기에 한번 해보고 싶었다. 그래서 들어갔는데 1:1 신청이 들어왔다. 난 뭣도 모르고 받아들였고 대화를 시작했다. 그 앤 나와 동갑인 남자아이였다. 한참 얘기 중 그 애가 나에게 "남자친구는 있니?" 등을 묻기 시작했다. 그때까지는 그러려니 하고 가만히 있었다. 그런데 질문이 점차 노골적으로 변하기 시작하더니 남자랑 자봤느냐, 키스는 해봤냐는 등 입에 담기도 어려운 질문을 하기 시작했다. 나는 어쩔 줄 몰랐다. 뭐라고 대응해야 할지도 몰랐다. 결국 무작정 내가 먼저 나와 버렸다. 그래서 결국 난 요즘 채팅을 무서워서 못하고 있다. 남들이 들으면 별개 아니라고 할 수 있겠지만 내게는 너무나도 충격이었다. 물론 이런 얘기는 성폭력이 절대 아니라고 할 수도 있지만 정신적 피해를 준 이상 성폭력이라 하겠다.

최근에 사이버 성폭력은 위험 수위를 넘고 있다. 특히 사이버 상에서는 신원의 확인이 극히 어렵다는 점 때문에 성폭력이 더 쉽게 난무하고 있다. 사이버 상에서는 사실 많은 사람들이 다중 인격적인 삶을 향유할 수 있다. 익명성이란 특징 때문에 사람들은 자신과 다른 성(性)으로 가장하여 돌아다니기도 하고, 또 자신과 전혀 다른 사람인 것처럼 행동하게 되는 경우도 많다. 자기도 모르는 자기가 되어 버리는 것이다. 처음에는 그것이 신선하고 재미있지만, 자기로부터 자기가 소외되는 결과를 낳게 된다. 자신의 참 모습이 드러나지 않기 때문에 사이버 상에서는 성폭력이 매우 쉽게 일어날 수 있다.

사이버 세상 역시 위험한 현실과 다르지 않은 세계가 되기도 한다. 최근 사이버 성폭력에 대해 대비책을 마련하고자 하는 움직임들이 이루어지고 있다. 그러나, 아직은 엄밀히 신원을 파악하기도 힘들 뿐 아니라 사이버 상에서 활동하는 인구가 너무나 방대한 관계로 쉽지 않은 일이다. 또한 사이버 성폭력의 종류조차 파악하기 어려운 실정이다. 그러나, 사이버 성폭력은 앞으로 더욱 많아질 것이므로 사회적인 해결 방안이 구체화되기 전까지는 스스로의 자정 노력이 요구된다. 사이버 성폭력 신고 센터에 범죄 사건을 신고하는 것도 중요한 노력 중 하나가 될 것이다.

야한 영화, 포르노, 음란 사이트

호기심으로 보기 시작한 포르노

나는 일찍부터 포르노를 보기 시작했다. 호기심으로 보기 시작한 포르노. 그것은 어린 나에겐 분명 충격이었다. 포르노를 보면서 나는 성에 대해 양면성을 띠게 되었다. 한 가지는 성행위가 무척 더럽다는 생각을 갖게 되었다. 성에 대해 비뚤어진 인식만을 심어 준 것이다. 물론 지금은 그런 생각을 갖지 않고 "성'은 매우 신성하다고 여기지만, 그때에는 부정적인 생각이 더 많았다. 그런데도 불구하고 포르노 속의 장면들은 내 머리 속에서 지워지지 않고 계속 떠올랐다. 나의 공상은 거의 섹스에 대한 생각으로 자리잡았다. 그런 음란 비디오를 보면 "성'에 대한 지식이 생길 것 같았지만 지식은커녕 더욱더 강한 호기심이 생겨날 뿐이었다. 섹스에 대한 호기심. 그것을 할 때 느끼는 쾌감에 대한 호기심이었다. 급기야는 나도 그 섹스란 것을 해보고 싶어졌고, 그 장면을 보는 것에 만족하지 않고 직접 체험해 보고 싶었다. 그래서 나는 포르노로 인한 성욕 때문에 자꾸만 자위 행위를 하게 되었다. 어떻게 시작되었는지는 모르겠다. 하지만 포르노 장면들을 상대방 없이 조금씩 흉내내다 보니 그렇게 된 것

같다. 손으로 나의 가슴을 만지고 음부를 만지면 기분이 좋아졌다. 혼자 방에 틀어박혀 한참 동안 하고 나면 그 이후에는 많은 죄의식에 시달렸다. 내가 너무 더럽다는 생각이 들었다. 자꾸만 후회가 남았다. 드디어 나는 자위 행위를 하지 않도록 마음먹었다. 힘들었고, 나도 모르게 손이 성기로 다가가는 것을 막기가 어려웠다. 자위 행위를 하면 정상적인 섹스가 어렵다는 말을 들은 것도 이때였다(진정한 쾌감을 느끼지 못한다나…). 죄의식 반 두려움 반으로 혼자 멍하게 생각하는 것을 줄이고 좀더 생산적인 일에 신경을 돌리면서 그 자위 행위란 것을 완전히 잊을 수 있었다. 그 욕구를 이겼다는 생각에 무척이나 기뻤다. 지금도 그때의 선택이 옳았다는 생각이 든다.

포르노는 청소년들에게 강렬한 인상을 남기게 된다. 특히 시각적으로 받아들인 포르노의 장면이 머리 속에서 좀처럼 지워지지 않고 계속 떠오르게 된다. 이 사례의 내용처럼 포르노에 나오는 대부분의 성적 묘사는 사실 현실과 동떨어진 내용이 많이 있다. 왜냐하면 포르노는 성에 관한 환상의 세계를 다루고 있기 때문이다. 남성의 성적 환상을 표현한 것이 포르노이다. 즉 포르노에서는 주로 남성의 가학적 행위가 여성을 즐겁게 해주는 것처럼 묘사되는 경우가 있다. 실제적으로 그러한 행위들은 여성에게 즐거움을 주는 게 아니라 심한 고통을 가져오는 경우가 많이 있다. 그러므로, 영화 속에 살인 장면이 자주 나온다고 해도 살인이 현실이 아니듯이 포르노의 내용 또한 현실적이지 않다. 그렇기 때문에 포르노를 보는 사람들은 성은 더럽고 추악하다는 부정적 인식을 갖게 됨과 동시에 한편으로는 포르노를 묘사하고 싶은 욕구에 싸이게 된다. 그래서 자신이 부정적으로 생각하는 것을 자꾸만 행동하게 되기 때문에 자신 또한 더럽다는 느낌을 갖게 되기가 쉽다. 사실 자위 행위 자체가 나쁜 것은 아니다. 자위 행위는 자신의 몸을 탐색하고 자신이 성적인 존재임을 알아가는 방법 중 하나이기도 하다. 그렇기 때문에 자위 행위 자체가 정상적 성관계를 불가능하게 하거나 신체적 폐해를 가져오는 것은 아니다. 그러나, 자신이 조절 불가능한 상태에 빠지는 것은 좋지 않다. 다행히 이 사례의 친구는 자기 욕구를 스스로 조절할 줄 알게 된 것에 대해 자랑스럽게 생각하게 되었다.

보고는 싶고, 보고 나면 찜찜한 게 야한 영화라는 생각이 든다.

함께 다니는 십총사가 있다. 남자 다섯, 여자 다섯인 우리는 서로의 생일날 각자의 집에서 생일 파티를 한다. 그 날은 남자애 하나가 생일이라 그 애 집에 갔었는데 할 일이 없었다. 케이크 먹고 과자 먹고 노는 것도 싫증이 나서 비디오를 보자는 말이 나왔다. 그래서 몇 애들이 가서 비디오를 빌려 왔는데 그 제목은 「금홍아, 금홍아」였다. 야한 영화라는 이야기를 들었기 때문에 남자애들이랑 같이 보는 게 괜찮을까 걱정은 했지만 그래도 그냥 아무렇지 않게 보았다. 사실 나도 이런 영화가 처음이었기 때문이다. 영화가 시작되고 얼마 가지 않아서 섹스 신이 나왔다. 그 모습이 너무 분명하고 밝게 나와서 난 눈을 가리고 말았지만 그건 순 내숭이었다. 손 틈 사이로 볼 건 다 보았거든. 근데 그 후에 남자애들을 보고 정이 뚝 떨어져 버렸다. 왜냐하면 남자애들이 섹스 신이 나올 때마다 숨을 거칠게 쉬는 것이 아닌가. 거의 동성처럼 지내는 그 애들이 짐승처럼 느껴졌다. 어떤 애는 낄낄거리며 이렇게 말했다. "이불 가져 와." 난 그게 무슨 말인지 몰랐는데 헤어질 때 여자애들끼리 얘기한 후 알았다. 그건

야한 영화를 보고 남자애들의 성기가 섰기 때문에 가리려고 그랬다는 것
이다. 기분만 더러워졌지만 보고는 싶고, 보고 나면 찝찝한 게, 야한 영화
라는 생각이 든다.

　포르노나 야한 영화를 접하게 될 때에 비로소 우리는 남녀간에 차
이가 있음을 알 수가 있다. 남성과 여성은 성에 관하여 다른 문화에
서 자라난다. 남성은 포르노 문화에서, 여성은 로맨스 문화에서 자라
난다고 한다. 하이틴 로맨스는 사랑 속에 묻힌 무드 있는 성에 대한
감정을 여학생들이 키워 나가도록 한다. 그러나 남학생들이 접하게
되는 문화는 성과 사랑이 분리된 포르노성 매체인 경우가 많다. 물론
최근에 와서는 포르노그라피에 대해서 성적 표현의 자유를 보장해야
한다는 의견도 등장하고 있기는 하지만 엄밀히 말하자면 성 표현물
은 성에 관한 기존의 규범들을 흔들게 되기 때문에 어떻게 표현하느
냐의 문제는 매우 중요하다. 그렇다면 포르노 속에서 묘사되는 성은
어떤 특징을 갖고 있는 것인가. 포르노는 영화와 다르게 스토리 속에
서, 특히 로맨스에서 나오는 것처럼 남녀간의 사랑을 전제로 하는 성
관계가 아니라 성행위 그 자체가 스토리이다. 그렇기 때문에 성을 맥
락 속에서 이해하기란 쉽지가 않다. 포르노에 길들여진다는 것은 행
위 자체에 대한 것 이외에 아무것도 경험하기 어렵도록 만들기 때문
이다. 성을 자신의 호기심이나 충동을 만족시키기 위한 오락적 도구
로 생각하기가 한층 더 쉽다는 것이다. 우리가 흔히 말하듯이 섹스
따로, 사랑 따로인 것이다. 거기에다 "포르노는 이론이고 강간은 실
천이다"라는 말이 나올 만큼 포르노는 여성을 대상으로 한 폭력성을

드러내고 있다. 포르노 속에 등장하는 여성들은 독립된 인격을 가지고 있는 한 인간으로서의 여성이라기보다는 성적 본능에 폭력적으로 이용당하는 열등한 이미지로 묘사되어 있다. 그런데, 이러한 포르노 매체가 우리의 성 현실의 일부가 되고, 남성들은 포르노 문화를 쉽게 받아들이게 된다. 남성들이 성적 본능을 스스로 통제하기보다는 "참을 수 없는 것", 아니 "참을 필요가 없는 것"으로 생각하며, 이를 자랑삼고, 오히려 권장하는 것이 남성답다는 이미지를 심어주기 때문에 이러한 포르노 속 남성관은 여과 없이 청소년들에게 자리잡게 된다. 남자아이들이 성에 관한 자극을 받을 때에 무조건 풀어야 하고 이를 위해서는 어떠한 방법도 가능하다고 생각하는 것은 이러한 포르노 문화의 결과이다.

일본 방송

지금까지 내 인생에서 가장 충격적인 비디오 장면은 우연히 보게 된 일본 방송 취재 프로그램이었다. 거기에선 예쁘장한 리포터가 다 벗고 나와서 남자 여러 명을 상대로 이상한 실험을 하는 거였다. 당시 고1이었던 나에게 의외로 잘 몰랐던 또 다른 것을 알게 해주었다. 리포터가 직접 사람들 앞에서 잘 모르는 남자와 성행위를 한 것도 그랬지만 그걸 하는 장면을 처음부터 끝까지 다 본 것도 역시 놀랍고 신기한 사건이었다. 그날 이후로 며칠간 좀 충격 상태였다. 여러 가지가 나를 놀라게 했는데 결정적으로 그 여자가 너무 불쌍했다. 얼굴도 예쁘고 귀여운 여자가 그런 음흉하고 추잡스럽게 생긴 남자들을! 더구나 모르는 남자를!! 한마디로 슬펐고. 그 여자가 너무너무 불쌍했다.

이런 내용을 접하고 나서 그 친구는 "며칠간 충격적"이었다고 한다. 그 충격이란 무엇이었을까? 지금까지 내가 알고 있었던 것과는 전혀 다른 성의 세계가 있다는 것에 대한 충격이었을 것이다. 한 여자가, 그것도 부족할 것 없어 보이는 예쁘장한 리포터가 전라(全裸)로 나와서 여러 남자와 상대를 한다는 것은 한번도 성이 그렇게 쓰일 수 있거나 오락의 하나로 보일 수 있는 것이란 생각을 해본 적이 없는 상태에서는 왜 이런 방송을 하는가 갑작스러운 당혹감이 들었을 것이다. 현실과 환상을 분별할 수 있는 기본적인 성 지식이 전혀 없는 상태에서 성인용 포르노의 과장된 장면을 보면 성에 대해 왜곡된 시각을 갖게 될 확률이 많다. 결과적으로 말한다면 포르노를 보고 나면 성 개념의 혼란이 일어나기 시작한다. 그런데, 포르노를 너무 많이 보면 볼수록 그 장면들이 오히려 "정상적"으로 느껴지는 상태로 자리 잡게 된다. 상대방에 대한 배려는 사라지고… 그것이 성관계의 일방성, 즉 성폭력으로 이어질 확률이 높아진다.

컴퓨터 포르노

지난 번 친구네 집에 갔을 때의 일이다. 컴퓨터에서 오락을 하다가 이상한 것을 발견했는데 볼 생각 없냐고 해서 보자고 했다. 그것은 다름 아닌 컴퓨터 포르노였다. 여자 성기 노출, 남자 성기 노출, 남녀의 섹스 장면들… 무지무지한 내용이 나왔다. 텔레비전에서 컴퓨터 포르노가 문제라고 나왔는데 그 문제를 내 앞에서 보니 황당했다. 그것도 소리까지 곁들여서. 난 컴퓨터를 껐다. 그리고 다시는 친구와 보지 않았다. 그러나 한달 후쯤 친구 집에 다시 갔는데 포르노가 다시 보고 싶어져 다시 보게 되었다. 이번엔 남자의 정액을 여자가 받아먹고 있었다. 너무 더럽고 기분 나빠서 껐다. 약간 흥분은 됐지만, 이번에는 진짜 마음먹고 보지 않은 것이다. 지금도 그때의 일이 생각나지만 볼 생각은 없다. 너무 더럽고 지저분하니까.

컴퓨터 인터넷이나 통신을 통한 성적인 사이트가 기하급수적으로 늘고 있는데, 이는 성적 엿보기 심리인 관음증을 극대화시키는 통로가 되고 있다. 즉, 내가 하고 있는 것으로는 충분치가 않다, 다른 사람들은 어떻게 하는지 몰래 엿보고자 하는 것이다. 그래서 인터넷 사이트에는 몰래 카메라 등을 통해 개인의 사생활에서 있었던 손쉽게 볼 수 없던 것들이 아무런 규제의 손을 거치지 않은 채, 누가 띄었는지도 모르게 등장한다. 얼마 전 "O양 사건"은 그 대표적인 일이며, 사실 이러한 일의 여파로 인해 "카메라 기타 이와 유사한 기능을 갖춘 기계 장치를 이용하여 성적 욕망 또는 수치심을 유발할 수 있는 타인의 신체를 그 의사에 반하여 촬영한 자는 5년 이하의 징역 또는 1천만 원 이하의 벌금에 처한다"는 법규가 1998년 신규로 제정되었고, 몰래 카메라 이용이 사회적 파문을 일으키게 되면서 타인의 신체 촬영 행위를 처벌하기 위해 성폭력 특별법 안에 추가되었다.

포르노와 상업주의

그렇다면 이러한 포르노나 음란 사이트 등은 성폭력 범죄와 어떤 관련이 있는가? 성폭력 범죄로 기소된 청소년들을 대상으로 한 논문에서는 이들의 대부분이 10대 초반에 매우 무질서한 성 경험을 했다고 한다. 특히 상업주의의 물결은 가치관이 정립되기도 전인 어린 그들에게 충동대로 하라, 그러면 된다, 그것이 남자답다고 부추긴다. 그들은 자신의 성적 욕구를 해결하기 위해 매우 다양한 방법들을 동원한다. 배고프거나, 돈이 없어도 함부로 남의 것에 손대면 도둑질이라는 것을 우리는 어렸을 적부터 배우게 되는데, 마찬가지로 성적 욕구에 대한 자기 통제 능력 또한 청소년기를 지나면서 습득하게 된다.

그런데 이러한 통제 능력이 생성되기 이전에 이들은 충동을 무조건적으로 충족하는 방식을 받아들이게 된다. 그 대표적인 것이 포르노 문화에 빠지는 것과, 성폭력을 행하는 것이 된다. 이들은 포르노에서 본 것과 같이 가학적 방식으로 여성을 도구적으로 대하게 되고, 자신의 욕구 충족을 위해서 강제적으로 성행위를 하는 것에 대해 나쁘다는 생각을 별로 하지 않게 된다. 상대방의 고통을 고려해본 적이 없다는 것이다. 이렇게 음란물이 청소년의 성에 대한 생각과 행동에 많은 영향을 줌에도 불구하고, 사실 청소년들의 80%는 처음 성에 관한 지식을 이런 매체를 통해 얻게 된다고 한다. 그렇기 때문에 건전하고 올바른 성 지식이 없는 상태에서 음란 매체를 접하는 것은 성폭력을 조장하는 일이 된다는 것을 깨달을 필요가 있다. 또한 이는 상업적 의도와 연관되어 있다.

그렇다면, 이러한 음란성 매체는 왜 만들어지고 유통되는 것인가? 청소년이 만드는 것은 분명 아니다. 몇 년 전 한 번 만들었다가 된통 혼난 적 있고(일명 「빨간 마후라」), 요즘은 십대 청소년들이 이러한 포르노 비디오를 만들어서 돈을 벌려고 유통시키려 하다가 잡히는 경우도 가끔 발생하고 있다. 그렇지만, 보편적으로 청소년이 만드는 것이 아님은 틀림없다. 그들은 모방을 해보았던 것이다. 청소년들이 모방을 한다는 것은 음란 매체의 주요 수혜자라는 뜻이다. 음란 매체를 활용하고 있는 사람의 상당수가 청소년이란 것을 감안할 때 청소년은 아무런 주체 의식을 행사하지 못하는 상황에서 사실 피해자가 되고 있는 것이다. 상업적으로 이용을 당하고 있는 것과도 같다. 물론 성인들을 위해서 제작되는 것이기도 하지만, 그렇다면 청소년들 손에는 어떻게 해서 그렇게 손쉽게 들어가는 것일까?

우리 사회에서 성은 상품적 가치를 지니고 있고 사회의 곳곳에서 성이 상품화되어 팔리고 있다. 보편적으로 남성 중심적 성문화에서는 남성들이 주로 성을 사는 사람들이고, 여성들은 성을 파는 사람인 것으로 보인다. 따라서 이러한 문화를 둘러싸고 성을 사고 파는 상업주의가 성행하고 있다. 과거로부터 미성년자를 포함하여 남성들은 성을 사는 행위를 자연스럽게 생각하여 왔다. 우리 나라에서 매매춘이 법적으로 금지되어 있음에도 불구하고 사회적으로는 매우 허용적인 분위기이다.

최근에 와서는 소위 원조 교제라는 미성년 여성이 성을 파는 행위가 매우 큰 사회적 반향을 불러일으켜 왔다. 매스컴에서는 마치 정조 관념이 없고, 매우 몰윤리적인 여성들인 것처럼 치부하고 있었다. 물론 개인적 차원의 이유나 원인들은 다양할 것이다. 그러나, 사회적인 측면에서 엄밀히 말하자면 그 동안 남자 청소년들 사이에서 성을 사는 행위가 자연스럽게 여겨져 왔던 것처럼 원조 교제를 하는 여학생들은 성을 파는 것을 자연스러운 행위로 생각하고 이와 관련된 사회적 합의를 암묵적으로 받아들인 것이다. 과거와 달라진 것은 적극적인 자신의 의지로 성 상품화에 참여하게 되었다는 점이다. 성이 상품화가 되어 있는 점이 바로 성을 통해 물질적 이득을 얻고자 하는 현상을 만들어 내고 있다. 성이 사고 팔리는 사회에 대해 다시 한번 생각해 봐야 할 것이다.

제2부

치유와 회복의 과정

어린 시절의 성폭력 경험은

매우 커다란 폭풍과도 같아서

그 고통과 두려움, 무서움을

충분히 감당하기에

너무 벅차고 힘들기 때문에

생존하기 위해서는 떠오르는 감정들을

억누르고 사는 것이 일상화 되는 경우도 있다.

그러나, 마음 속에 여전히 남아 있는

성폭력의 후유증들로 인해

힘겨운 시간을 보내게 된다.

폭풍과도 같은 혼란

아무에게도 말하지 않은 것이었다. 이것이 꿈이었는지 정말이었는지 잘 기억할 수 없다. 그런데 그 생각을 할 때마다 가슴이 아린다.(삼촌에게 성추행)

많은 청소년들이 성폭력 사건에 대해 아무에게도 얘기하지 않고 몇 달을 또는 몇 년을 지내온다. 그들은 어느 누구에게도 할 수 없었던 이야기라는 글로 자신의 고백을 시작한다. 때로는 성폭력을 당한 일이 잘 기억나지 않거나, 사실이 아닌 것처럼 여기는 사람도 있다. 내면의 충격으로부터 자신을 최대한 방어하기 위해 무의식적으로 사실들을 없던 것처럼 여기거나 나의 일이 아닌 것처럼 경험을 마음속에서 분리하여 밀어내기도 한다. 어린 시절의 성폭력 경험은 매우 커다란 폭풍과도 같아서 그 고통과 두려움, 무서움을 충분히 감당하기에 너무 벅차고 힘들기 때문에 생존하기 위해서는 떠오르는 감정들을 억누르고 사는 것이 일상화되는 경우도 있다. 그러나, 마음속에 여전히 남아 있는 성폭력의 후유증들로 인해 힘겨운 시간을 보내게 된다. 특히 자신의 감정을 성찰하고 표현하는 능력이 충분하게 발달되지 않은 어린이와 청소년들은 성폭력 피해 이후 매우 커다란 내적인 혼란을 겪게 된다. 이 장에서는 성폭력으로 인하여 청소년들이 겪는 후유증들을 간단히 살펴보고, 치유와 회복의 가능성을 살펴본다.

성폭력의 후유증들

충격과 혼란

내 생각은 온통 뒤죽박죽 되었다. (사촌오빠로부터 성추행)

갑자기 세상의 모든 것이 추해 보이기 시작했다. (성기 노출 장면을 보고)

너무 기가 막혀서 눈물이 계속 쏟아졌다. 그 아저씨가 어떻게 초등학생을 상대로 그런 엉큼한 짓을 했는지 이해할 수 없었다. 그것은 어린 나이에 너무 심한 마음의 상처를 남겼다. (낯선 아저씨로부터 성추행)

인간은 어떠한 충격적인 사건을 경험하고 나면 이에 대한 반응을 하게 된다. 특히 성폭력은 매우 커다란 충격을 동반하는 사건이다. 따라서 성폭력을 경험하고 나면 나름대로 그 충격을 받아들이는 데 여러 가지 증상들을 나타낼 수 있다. 성폭력 경험 직후에 어떤 사람들은 전형적으로 공포, 불안을 소리내어 울음, 흐느낌, 웃음, 불안, 긴장을 통해 다른 사람들에게 표현을 한다. 그러나 내성적이고 통제된 성격의 소유자들은 그들의 느낌을 감추는 경향이 있고, 오히려 사건을 냉정하게 자신과 분리하여 정서적 반응을 억제하곤 한다. 그러나, 억제된 감정들은 장기적으로 더 나쁜 영향을 줄 수도 있으며, 여러 가지 부정적 감정을 느끼는 것은 피해자로서 지극히 당연한 일이다.

두려움과 불안감

난 버스만 타면 항상 불안에 떨고 덥지도 않은데 식은땀을 흘린다. 내 뒤에 누군가 서 있을 것만 같아 뒤를 계속 쳐다보며 항상 불안해 한다. 누군가의 가방이 내 몸에 닿으면 식은땀과 심한 욕이 입에서 우물거린다. 지금도 버스를 타면 계속 그런다. 안 그러려고 해도 잘 되지 않는다. 언제쯤 이것이 없어질는지… (버스 안에서 성추행)

난 정말 무섭다. 너무 무서워서 이렇게 사느니 죽고 싶다. (아버지로부터 강제 추행)

성폭력 이후에는 두려움과 불안감 등이 항상 뒤쫓아 다니는 경우가 많다. 또다시 그런 일을 당할 것에 대한, 위협을 받았던 것에 대한 불안이다. 이러한 불안은 항상 스트레스 상황 하에 처해 있게 함으로 정신 건강에 매우 커다란 해를 주게 된다. 또한 서서히 다른 사람들의 눈도 의식하면서 혹시나 누가 알지 않을까 하는 생각 때문에 불안이 더욱 커지고, 사람들을 피하거나, 만나더라도 그 일을 숨기기 위해 필사적으로 긴장을 하게 된다.

억누를 수 없는 분노

여지껏 난 오빠가 내 옆에 누울 때 떨기만 했고 시키는 대로만 했다. 오빠가 화내면 무서우니까. 하지만 이제는 참지 않을 것이다. 또 그러면 소리를 질러서 온가족을 깨우든지 아니면 오빠의 성기를 밟든지 깨물 거다. 가능하다면 죽이는 방법도 사용할지 모르겠다. 너무 답답하고, 지금 당장 죽이고 싶다. (오빠로부터의 지속적인 성추행)

분노는 가해자뿐 아니라 자기 자신과 주변 사람들에게까지 확대된다. 성폭행을 당한 초기에는 너무 당황하고 멍해서 느껴지지 않던 것들이 서서히 시간이 지나가면서 참을 수 없는 분노로 찾아온다. 사실 이러한 분노는 부당한 일을 당한 것에 대한 너무나 정당한 반응이다. 그렇기 때문에 분노 감정이 일어나는 것은 자연스러운 과정이다. 분노 감정은 오히려 성폭력 피해를 극복하는 데 도움이 되기도 한다. 그러나 때때로 피해자들은 너무나 공포에 질려서 가해자에게 분노를 터뜨리지 못한다. 분노가 가해자를 향하지 못할 때는 그 화살이 오히려 피해자 자신에게 향하게 되는데 그럴 때에 자기 파괴적 행동을 하게 되며, 심한 경우 자살의 위험이 있을 수 있다.

우울과 죄책감

오빠는 나를 강제로 벗겼고 꼭 끌어안았다. 나는 그게 나쁜 짓이라는 생각도 하지 못했다. 기분이 썩 나빴던 거 같지도 않았다. 그러던 어느 날 학교에서 담임 선생님께서 신문에 난 성폭력 기사를 보시다가 이런이런 사람을 주의하고 어느 곳에서든지 옷은 함부로 벗는 게 아니라고 하셨다. 그 순간 난 선생님이 하지 말라는 것을 했기 때문에 큰 벌을 받겠다고 생각을 했고, 그 이후로 그 오빠네 집은 한번도 가지 않았다. 난 그 이후로 매일매일 기도했고, 나이를 먹을수록 그 일들이 잊혀지지 않고 있음을 발견하게 되었다. (초등학교 1학년 때에 아는 오빠에게 성추행)

아이들은 성폭력 사건에 가담되었다는 사실만으로도 죄책감을 느낀다. 그 죄책감은 "내가 조금만 노력했더라면 이러한 일이 나에게 생기지 않았을 텐데" 하는 자신의 행동을 통제하지 못한 것에 대한 죄의식인데, 이러한 죄책감은 가해자가 심어준 것이기도 하다. 또 한편으로는 내가 매우 수치스럽고 더러운 동물같이 느껴지고, 내가 희생당할 만큼 무가치한 인간인가 하는 생각과 저항할 수 없었던 자신에 대한 무력감을 경험하게 된다. 그래서 청소년들은 이러한 죄책감과 무력감에서 벗어나기 위해 종교적 행동에 몰입하거나 아니면 아예 성에 대한 관심 자체를 끊어버리기도 한다. 또, 정반대로 "나는 어차피 무가치한 인간이다"는 것을 입증하려는 듯 과도한 성관계에 몰입하거나, 가출하는 등 될 대로 되라는 식의 행동을 하는 경우도 있다. 이러한 죄책감과 삶에 대한 무력감은 성폭력이 가져오는 당연한 후유증임을 받아들이고 이를 이해해줄 수 있는 환경이 되는 것이 치명적 결과를 막을 수 있다.

신체적 증상들

그리고 한참 동안 나는 불면증에 시달리게 되었고, 생각만 해도 구역질이 계속 올라왔다. (사촌오빠로부터 성추행)

나는 밤마다 그 생각이 났고 밤마다 악몽에 시달렸다. (모르는 오빠로부터 성추행)

나는 그 이후 계속해서 가슴이 아파서 스스로 만지는 것도 고통스럽고, 수치스럽게 느껴졌다. (모르는 아저씨로부터 성추행)

그 이후 한동안 걷는 것조차 힘이 들었고, 소변 볼 때마다 밑이 너무나 쓰라리고 아팠다. 하지만 나는 아무에게도 얘기하지 않았다. (모르는 아저씨로부터 강간 미수)

성폭력은 신체적인 증상을 동반한다. 강간을 당하지 않았더라도 폭력에 저항한 결과로 몸에 멍이 들거나 다리를 움직이지 못하는 등 타박상, 근육의 긴장이 생긴다. 성폭력 피해를 입었을 때 무리한 신체적 접촉으로 인해서 입안, 가슴이나 성기 주변 또는 온몸이 욱신거리고 통증을 수반하기도 한다. 또한 심한 두통이나 불면증, 식욕 상실, 메스꺼움 등 여러 가지 신체적 증상으로 고통받는 경우가 많다. 그러나, 대체적으로 성폭력 피해 사실을 얘기하지 않는 경우에는 이러한 신체적 증상에 대한 의료적 처치도 없이 지나가게 된다. 성기에 접촉하거나 강간을 시도한 경우에는 성기와 관련된 더 큰 신체적 피해들이 있다. 기본적으로는 질이나 성기 주변에 손상이 생기거나, 가려움증, 감염 등의 위험이 있다. 성폭력 이후에 무리한 삽입의 결과로 아동의 경우에도 피를 흘리거나 소변을 눌 때에 가렵고 쓰라린 상처로 고통받는 경우가 많다. 또한 임신의 가능성 역시 간과할 수 없다. 이러한 전반적인 이유들로 인해 성폭력 피해 이후에 반드시 의료 서비스가 필요하다. 곧바로 응급 처치가 이루어져야 더 큰 피해를 막을 수 있으며, 또한 성폭력 피해의 증거 자료로서도 진료가 필요하다. 현재는 성폭력 특별법 시행령에서도 성병 감염 여부의 검사 및 감염 성병의 치료, 임신 여부의 검사, 성폭력 피해로 인한 정신 질환의 치료 등을 규정해 놓고 있다. 성폭력 상담소에서는 성폭력 피해로 인해서 정상적인 생활이 어려운 경우 병원이나 성폭력 피해자 보호 시설로 데려다주고 협조하는 일들을 하고 있다.

성과 이성에 대한 혐오감

유치하고, 상스럽고, 더럽고, 구역질난다. (성기 노출자를 본 느낌)
성이란 불결하고 더러운 것이라는 생각이 든다. (모르는 아저씨에 의한 강간)
남자 앞에서 벗은 몸을 보인 것과 그때 일이 너무나 수치스럽고 불쾌했기 때문이다. 섹스가 너무 싫다. 더럽다. (동네오빠들에 의한 강간 미수)

아동 및 청소년기는 아직 성에 대해 충분한 가치관이 정립되기 이전이다. 그렇기 때문에 성폭력 경험은 이들의 성 의식 형성에 지대한 영향을 미치게 된다.

사람들은 자신에게 일어난 일들에 대해 이를 이해하고 해결하고자 노력한다. 그런데 이해할 수 없는 일을 경험하게 되면 매우 혼란스러운 감정을 경험하게 되고, 이를 내부에서 받아들이기 위해서 여러 가지 애를 쓰게 된다. 이때 사람들은 자신에게 일어난 일들을 받아들이기 위해 그 동안 믿고 있던 신념들을 변화시키는 경우도 있다. 성폭력을 당한 아이들은 어른들이 또는 나에게 잘해 주던 사람이 이렇게 하였다는 사실 자체가 이해할 수 없는 일이다. 그래서, 아이들이 가지고 있던 기존의 생각과 현재 일어난 일 사이에서 갈등을 경험하고, 갈등을 줄이고 방금 일어난 일을 받아들이기 위해 "세상은 너무나 위험하다", "성은 더럽고 추악한 것이다"라는 부정적 시각을 형성하게 되고, 일어난 사건에 대해서는 "내가 잘못했기 때문에 이런 일이 일어난 거야", "사람들은 나에게 아무런 도움도 줄 수 없어" 등의 극단적 생각을 하게 되는 경우가 많다. 이들은 한동안 성에 대해 매우 혐오적 태도를 갖게 되며, 어떤 경우에는 성에 대해 아예 폐쇄적 경향을 띠게 된다.

나는 이 사건을 계기로 남자를 볼 때면 일단 의심을 하게 되었다. 그만큼 충격적이었던 것이다. (성기 노출 아저씨를 만난 후)

나는 이 일로 인해서 남자들을 피해 다니게 된다. 친구들은 내가 남자들한테 전혀 관심이 없는 줄 안다. 누가 남자애들 얘기를 해도 가만히 있고. 한번도 누구를 좋아한다는 말을 해본 적도 없다. 나는 남자친구를 사귀어 본 적도 없다. 그냥 거부감이 생긴다. 왜일까? 아직까지는 거의 모든 남자를 미워할 것 같다. (모르는 아저씨에게 성추행)

많은 청소년들에게 성폭력의 경험은 성 자체에 대한 거부감 이외에 남성 전반에 대한 혐오감과 불신감을 심어주고, 이성 교제에 나쁜 영향을 주고 있다고 한다. 성폭력 경험 이후 이성과의 데이트에 두려움, 어려움을 느낀다는 이야기를 청소년들은 종종 고백한다. 그것은 내가 만나는 이 사람도 혹시 나를 성적으로 이용하려고 하는 것은 아닐까라는 불안감과 남성 전반에 대한 불신감이 깔려 있어서 쉽게 이성을 신뢰할 수 없기 때문이다.

사실 청소년들이 고백하고 있는 성에 대한, 그리고 남성들에 대한 혐오스런 감정들은 생물학적 성(sex) 자체에 대한 것이라기보다는 성을 매개로 폭력을 가하고 남성적 권력을 휘두르는 데 이용되고 있는 사회적인 맥락을 포함한 성(sexuality)에 대한 거부감을 의미한다. 성폭력은 남자라면 여성에게 다소 거칠더라도 밀어붙이는 성적 행동을 할 줄 알아야 한다는 남성 중심의 성문화의 소산이며, 남성들 사이에서 남성다움을 상징하는 것으로까지 잘못 받아들여지고 있는 것이 우리의 사회 현실이다. 그럼에도 아직 논리적으로 사고하는 것이 충분히 성숙되지 않은 어린이들에게 성폭력 경험이 치유되지 않게 되면 점점 더 성에 관한 왜곡된 생각이 자리잡게 되고, 이는 어른이 되어도 잘 수정되지 않게 된다. 그렇기 때문에 성폭력 사건에 대해 잘 풀어서 설명해 주고 충분히 그 사건을 극복할 수 있도록 도움이 필요한 것이다. 특히 어릴수록 혼자서는 잘 이해할 수 없는 일이 많다. 물론 아이들의 눈으로 바라볼 때에 이해되지 않는 나쁜 일들을 가능하면 만들지 말아야 하는 것이 어른들의 책임이다. 그러나, 일어난 일 때문에 세상에 대한 부정적 시각을 갖는 것을 최소화시킬 수 있도록 돕는 것 또한 어른들의 책임이다.

사람 만나는 게 싫어요

그 후 나는 더욱 소극적이 되었고 외출하기를 매우 꺼려한다. 사람들을 만나는 것이 두려웠다. (동네오빠들로부터 강간)

성폭력 피해를 경험하고 나면 그 동안 정상적으로 이루어지던 가정, 학교 등의 생활에 대한 적응 능력이 떨어지고, 그 안에 있는 사람들과의 관계도 많이 달라지게 된다. 성추행을 당한 한 여학생이 "그 때 그 일과 아무런 관련 없는 사람들조차 보고 싶지가 않아요. 정말 왜 그런지 모르겠어요"라고 고백하는 것을 들었다. 청소년들이 너무 엄청난 경험으로 인해 자신이 그 이전과 달라졌다고 생각되기 때문에 사람들을 만나면 이런 나에 대해 설명을 해야 하는지 아닌지에 대해 곤란을 느끼게 된다. 또한, 내가 이런 고통 속에 있는데 아무도 나의 고통을 이해해 주지 못할 것 같은 느낌, 외로움, 고독감으로 다른 사람 앞에 나설 자신감을 잃게 된다. 그래서 며칠씩 학교를 가지 못하거나 집안에서도 말이 아예 없어진다. 친구들을 만나면 피해 다녀서 외톨이가 될 수도 있다. 공부나 일에 집중을 할 수가 없어서 학교생활은 적잖은 피해를 보게 된다.

몇 번이고 고민을 하고 써본다. 조금 솔직해져야 하는지 아니면 그냥 묻어버리고 있어야 하는지 말이다. 지금껏 아무에게도 이야기를 한 적이

없었고 그러고 싶지도 않았다. (사촌오빠에게 강제 추행을 당한 여학생)

자신이 겪었던 것과 관련된 모든 것을 회피하게 되기도 한다. 그 일과 관련된 감정들과 기억들을 억누르고, 그 일과 관련된 이야기를 절대로 하지 않게 된다. 사람들을 만나면 무엇인가를 설명하거나, 그와 관련된 이야기가 나올까봐 대인 관계가 좁아지게 된다. 나쁜 비밀은 사람을 병들게 한다. 점차적으로 사람들과 멀어지거나 회피하게 되며, 친밀한 관계에 있어서 위협적 기분을 경험한다. 그런데 이렇게 모든 것을 회피해 버리게 되면 문제는 그 경험이 여전히 유해한 채로 우리 속에 남아 있게 된다는 것이다. 회피하고 나면 없어지면 좋을 텐데 끊임없이 사건에 대한 기억이 떠오르거나 그 감정들이 재현되기 때문이다. 그럴 때면 스스로 통제할 수 없다는 생각 때문에 견디지 못하고 충동적 행동을 하게 될 수도 있다. 그리고 그 일에 대해 재정리를 하고 처리할 수 있는 기회를 잃게 된다.

난 오빠가 싫다. 그래서 늘 때때거린다. 가족들은 내가 오빠를 우습게 본다고 뭐라고 그런다. 내가 온가족한테 혼나도 난 계속 그럴 거다. 오빠가 그 짓을 그만둘 때까지. (가정 내 성폭력)

특히 가정 내에서 성폭력이 발생한 경우에는 가족 관계를 와해시킬 수 있다. 성폭력 피해를 가해자가 아닌 다른 가족들에게 이야기하지 못한 경우에는 위와 같이 그 사람과 힘들고 어려운 관계를 지속하여야 하며, 설령 가족들에게 도움을 청하더라도 예전과 같이 돌이킬 수 없는 사태들이 일어나기 때문이다.

내가 잃게 된 것들을 정확히 알자

성폭력은 또한 피해자의 삶의 곳곳에서 위력을 발휘하여 피해자를 고통 속으로 빠져들게 한다. 성폭력 피해자를 그러한 위험에도 불구하고 살아남은 생존자(survivor)라 부르는 것도 그러한 이유일 것이다. 이는 그 피해뿐만 아니라 이후의 여러 어려움 속에서 목숨을 잃지 않고 또는 목숨을 포기하지 않고 살아남은 것만으로도 존중받아야 한다는 의미에서 사용되고 있다.

그런데, 성폭력의 피해를 좀더 잘 극복하는 것과 극복하지 못하는 것 사이에는 피해자가 성폭력 피해로 "나는 무엇을 잃었는가"를 어떻게 평가하는가와 관련이 있다.

세상에서 소중한 것을 잃게 되었을 때에 상실감이 뒤따라오고 이는 말할 수 없이 인생이 슬프게 느껴지게 한다. 보편적으로 성폭력이 가져오는 피해는 내 신체와 마음에 대한 자율성의 상실이며, 주체성에 대한 침해이다. 그래서 스스로의 삶에 침해를 받은 것으로 인해 슬프고, 때로는 자신이 가치 없는 존재로 여겨지기도 한다. 누구든지 자신의 자율적 의지가 무시당하면 그러한 반응을 하게 된다.

그렇지만, 개인적 차원에서도 성폭력으로 인해 잃게 된 것들이 어떤 것이었는지 알고 있는 것이 좋다. 만약 성폭력의 가해자가 내가 알고 있던 사람일 경우에는 그 사람과의 관계를 잃게 된다. 더 이상은 멋모르고 아버지라 부를 수도 없고, 더 이상은 사촌오빠와 편안하게 함께 있을 수도 없으며 내가 좋아하던 다른 친척들도 만날 수가 없다. 그리고 선생님에 대해서도 그렇다. 그래서 마음이 슬프고 화가 난다. 만약에 내가 신뢰하고 있던 사람이었다면, 아니 선생님과 같이 신뢰하고 싶은 사람이었다면 우리는 더욱 심한 배신감과 괴리감을 느끼게 된다. 마음속에 미움을 갖게 되는 것은 좋은 사람이 되고자 하는 사람들에게는 매우 고통스러운 일이다. 그런데도 그 사람을 미워하지 않을 수는 없지 않은가… 이러한 아이러니에 빠지게 한 그 상황 자체가 많은 것을 잃게 한 것이다. 인간에 대해, 사회에 대해 신뢰하지 못하도록 만든 것도 잃은 것 중의 하나이다. 세상에 대해 희망을 잃는 것도 상실한 것의 하나이다. 그러나, 내가 잃은 것이 무엇인가를 아는 것은 무엇을 앞으로 찾아야 하고 어떤 것이 회복되어야 하는가를 아는 일이기 때문에 유익하다. 지금 내 상태를 부인하지 않고 받아들이는 것이, 내가 잃어버린 것들에 대해 충분히 슬퍼하는 것이 치유의 시작이기 때문이다. 외면하고 있을 때에는 그러한 작업이 시작되지 않기 때문이다.

비밀이 주는 깊은 상처와 치유 : 영화 「사랑과 추억」

영화 「사랑과 추억」(The prince of Tides)은 강간의 결과와 그 후유증, 그리고 치유 과정에 대해 소개하고 있다.

주인공 남자 짐은 자살시도를 한 여동생의 치료를 돕기 위해 정신과 여의사를 만나게 되었다. 정신과 의사와 이야기를 하는 동안 짐은 자신에게도 문제가 있음을 알고, 그것이 본인도 잊고 있었던 성폭력 상처의 후유증이 근본 원인이었음을 깨닫게 된다. 짐의 가족은 아버지가 없는 동안에 집에 쳐들어온 괴한들에게 엄마와 자신, 그리고 여동생이 성폭행을 당하게 된다. 난투극을 벌이다가 결국 가족들은 힘을 합하여 괴한들을 살해하게 되었고, 그 일이 있은 후 어머니는 아이들에게 아무 일 없었던 것으로 하자고 하면서 피투성이에 엉망이 된 집을 치우게 된다. 아버지가 돌아오시자 아무 일 없었던 예전과 같이 연기를 해야 했다. 그러나, 어린 그들에게는 눈앞에 있었던 일은 너무 충격적인 현실이었던 것이다.

그에게 더 큰 충격이 되었던 일은 그 사건 자체가 아니라 그 사건 이후에 그 일을 비밀로 하라는 어머니가 내린 명령이었다. 그때에 같이 성폭행을 당했던 쌍둥이 여동생은 그 일이 있고 얼마 지나지 않아 자살 기도를 하고 우울에 시달리게 된다. 여동생은 그 비밀을 말함으로 그 짐으로부터 벗어나고 싶은 욕구로 인해 가명으로 작품 활동을 한다. 무시무시한 비밀을 지니고 다닐 때 스스로에 대해서 좋은 느낌을 가지기 어렵다. 그리고, 그것을 비밀로 유지하기 위하여 너무나 많은 에너지를 쓰게 되는 나머지 모든 대인 관계의 틀이 그 속에서 이루어져 버린다. 다른 건전한 관계를 맺는데 쓸 에너지를 소진해 버리는 것이다.

가족 안에 비밀을 유지하기 위한 노력이 그 소년을 13살 소년 그대로 묶어두었고, 그는 자라서 성인이 되고 결혼을 했지만 아직도 그 마음에는 상처받고 그 상처가 다루어지지 않은 13살 소년이 살고 있었던 것이다. 그 소년은 어머니와 여전히 갈등을 일으키고 있었다. 뭔지 회복되지 않은 채 남아 있었던 것이다.

그는 결국 정신과 치료를 통해 회복된다. 그리고 평생 한번도 이야기하지 않았던 그 이야기를 함으로써 그 사건으로부터 상실된 것들을 깨닫고 회복되기로 결정했으며 치유의 과정을 경험하게 된다. 짐은 비로소 치료가 진행되면서 어머니와 그때의 일들에 대하여 얘기할 기회를 갖게 되었다. 진정으로 그에게 자유를 허락하는 일이 되었다. 그 이후에는 영화의 흥미를 더하기 위한 정신과 여의사와 짐과의 사랑 이야기가 추가된다.

이와 같은 치유의 과정은 꼭 정신과 의사나 상담자를 만나야 가능한 것은 아니다. 친한 친구, 믿을 수 있는 사람과의 깊이 있는 대화를 통해 그러한 것이 일어나며, 또 다른 사람에게 그런 대상이 되어줄 수도 있다. 어디서도 가능한 일이다. 또한, 비밀에 대해 이야기할 수 있는 안전한 환경을 조성해 주는 것은 또 다른 성폭력에서 자기 자신을 보호할 수 있는 힘을 키워 줄 것이다.

치유와 성장을 바라보며

그러나 우리는 성장 능력을 믿는다 - 통합으로 가는 길

혹시 그때 그것이 성폭행이 아니었을까! 불안하다. 그리고 무서웠다. 지금도… 그러나 생각이 바뀌었다. 내 고의로 내 의지로 하지 않았다면 상관없는 것이라고. 그리고 내 능력만. 내 목표만 있다면 그런 건 아무렇지도 않게 넘길 수 있을 것 같다. 모든 것은 내 생각 속에서 결정나는 것 같다.

그런데 그렇게 힘든 일을 겪었음에도 불구하고 건강하게 성장하고 있는 청소년들을 여러 곳에서 관찰할 수 있다. 그것을 마음 한구석으로 밀어 놓은 것이 아니라 그런 일이 나에게 있었음을 알면서도 그로 인해 휩쓸려 다니지 않고 건강한 성인으로서 성장해 가고 있는 것을 청소년 자신들도 기뻐한다. 나에게 일어났던 일을 떠올리는 것이 고통스럽지만 인정하고, 감정적 안정을 경험하면서 내 삶 전체를 긍정적으로 받아주는 것, 이러한 과정을 "통합"이라고 할 수 있다. 즉, 이제는 상처로부터 일어나 성장 지향적인 관점을 갖게 되는 것이며, 내가 원하는 삶으로 매진할 수 있는 힘을 가지는 것을 말한다. 물론 우리가 바라는 완전한 치유는 이루어지지 않을지도 모른다. 혹 피해자들이 바라는 "그러한 일이 아예 없었을 때와 같은…" 상태는 오지 않을 것이다. 이미 일은 일어났고, 예전과 같이, 아무 일 없었을 때처럼 되지는 않는다. 그렇기 때문에 나에게 일어난 슬프고 비극적인 일들을 인정하고 치유하는 것이 필요하다. 성폭력을 당한 것은 나의 일부이고, 전부는 아닌 것이다. 성은 사람살이에서 전부가 아니다. 성은 생활의 일부분이고, 우리는 한때 다친 것이다. 상처를 입으면 언젠가는 아물 듯이, 성폭력의 상처도 극복될 것이다. 인생을 살면서 마음이든 몸이든 한번도 다치지 않고 살 수는 없다. 일단 상처를 입었으면 빨리 치유하고 회복하는 것이 우리에게 남아 있는 과제다.

남은 선택들

솔직히 내가 선생님한테 그런 일을 당했다고 해서 현재 비행 청소년이 되었거나 성적인 정신질환이 있는 것도 아니다. 다만 그 기억을 더듬었을 때 불쾌할 뿐, 내가 여태껏 건전한 방향으로 성장해 오는 과정을 방해하지는 않았다. 오히려 이제는 그 자가 선생님이라는 것이 맘에 걸린다. 그것도 초등학교 선생님이라니. 한참 순수하고 천진난만한 아이들에게 꿈과 희망을 심어주는 선생님이 되지는 못할망정 정말 그것은 짐승보다 못한 짓이다. 그 아이들 부모님이 그것을 알게 된다면 얼마나 충격을 받을 것이며, 그렇게 성장한 아이들은 앞으로 성에 대한 어떠한 의식을 가질 것인지를 생각해볼 때에 정말 화가 나고 내가 무언가 해야 할 것만 같다. (선생님의 추행을 기억하며)

성폭력을 경험하게 된 것은 우리가 선택한 일이 아니다. 그리고 아무리 주의하고 조심한다 하여도 통제할 수 없던 일이기도 하다. 세상은 다소의 위험과 예측하기 어려운 일들이 존재하고 있으며, 나는 그것을 늘 피해 갈 수만은 없으며, 가끔 사람들을 믿을 수 없다 해도, 내 삶은 나름대로 의미 있음을 이해하는 것이다. 즉, 슬픈 현실을 알면서도 현명한 사람이 되는 것이다. 그래서 성폭력은 내 잘못이 아니라는 것을 마음속으로부터 받아들여야 한다.

지금까지 내 이야기는 너무 아픈 이야기이지만 이젠 아무렇지도 않고 그 사건이 나의 성장에 악영향을 끼치지도 않았다. 내가 이렇게 제대로 큰 것이 정말 대견하다는 생각도 해본다. 십여 년 간 그 일은 내게 많은 것을 깨우쳐 주었다. 또 아무리 환경이 좋지 않고 최악의 경우라도 이겨 낼 수 있다는 자신감을 얻게 되었다. (사촌오빠에게 강제 추행을 지속적으로 당한 여학생)

일어난 일들을 마음속으로 통합하고 좀더 나은 방향으로 해결해 나가는 것은 남은 선택이다. 일어난 일은 통제할 수 없지만, 앞으로의 삶을 위한 우리 자신은 통제할 수 있기 때문이다. 그래서 우리의 숭고한 삶을 통틀어 볼 때에 성폭력이 모든 것을 잃을 만큼 위협적인 것이 아니며, 우리의 삶이 성폭력 사건쯤으로 무너져 내릴 만큼 무가치하지 않음을 기억하자. 나는 단지 어려운 일에 부닥쳤을 뿐이고 그

것으로 인해 삶이 모두 망가지는 것은 허락할 수 없기 때문이다. 그렇기 때문에 이제는 그 경험조차 내 안에 통합된 상태가 되어 가는 것, 그리고 점차적으로 상처에 찔리지 않고 더 성장하는 것이 바로 온전한 회복인 것이다. 그렇게 통합된 상태에서는 다시 한번 성폭력의 본질을 숙고할 수 있게 된다. 비로소 능동적인 생존자가 되고, 그제야 거룩한 분노로 또 다른 희생자들을 막기 위한 일에 동참할 수 있는 것이다.

> 선택은 차이를 낳습니다. 두 사람이 같은 사고로 심하게 다쳤습니다. 이 사람들은 사고가 날 것을 선택하지 않았습니다. 사고가 그들에게 일어났을 뿐입니다. 그러나 두 사람 중 한 사람은 사고의 경험을 고통으로, 또 다른 사람은 감사함으로 받아들여 살기로 선택하였습니다. 이 두 사람의 선택은 그들 자신의 생활과 그들의 가족과 친구들의 생활에 크게 영향을 미쳤습니다. 우리가 우리의 생활에서 일어나는 일들을 통제하기는 힘듭니다. 그러나 일어난 일들을 어떻게 통합하고 기억할 것인가는 충분히 통제할 수 있습니다. 우리가 우리의 인생에 존엄성을 부여하는 것이 바로 이 영적인 선택입니다.
> — 헨리 나우웬

성폭력 피해자를 도우려는 사람들에게

친구가, 형제가, 또는 주변의 누군가가 당신에게 성폭력을 당했다는 사실을 털어놓았다면 아마도 당신은 그 사람에게 굉장히 의미 있는 사람일 것이며, 그 사람은 상당히 어렵게 당신에게 이야기를 하였을 것이라는 사실을 기억해야 한다. 어떤 경우에는 당신이 도움을 줄 수 있는 유일한 사람일 수도 있고, 때로는 몇몇의 사람들이 그를 돕고 있을지도 모른다. 어쨌건 그런 일이 있을 때를 대비하여 당신은 친구를 효과적으로 도울 수 있는 준비가 되어 있는 것이 좋다.

당신은 전문적인 상담가는 아니지만, 때로는 친구를 위해서 가장 큰일을 할 수 있다. 그러기 위해서는 다음과 같은 마음으로 이야기 나누는 것이 좋다.

지지자가 돼라

가장 먼저 성폭력 피해자는 자신의 편이 되어주고 지지해줄 사람이 필요하다. 감정적 혼란 등을 떠받쳐줄 수 있는 지지자가 되어야 한다. 그런데, 어떤 때에는 성폭력 피해의 경험을 듣는 당신 자신도 혼란이나 강렬한 감정을 경험하게 되어 어떻게 반응해야 하는지 막막할 수 있다. 그래서 도와주려고 했지만 미숙한 이유로 인해 피해자를 더 힘들게 하는 경우도 생긴다.

우선 지지자가 된다는 것은 잘 들어주는 경청자가 되는 것을 의미한다. 열린 마음으로 일단 들어주는 것은 매우 큰 도움이다. 내가 만약 그런 상태라면 느낄 어려움을 나의 것처럼 공감하며 있는 그대로의 사실을 들어주고, 사실을 들었다면 의심이나 의혹을 갖지 말고 일단 믿어주는 것이 중요하다. 성급한 판단이나 충고를 하지 않고 인내심을 가지고 피해자가 드러내는 모든 것을 받아주어야 한다. 사소한 일처럼 치부해 버리거나, 당사자보다도 더 흥분하여 분노를 표현하는 것은 좋지 않다. 처음에는 더더구나 그렇다. 시간이 많이 걸릴 수도 있고 그의 곁에 있어 주어야 할 수도 있지만 만약 좋은 지지자가 되어 주었다면 피해자에게는 매우 큰 도움이 되었을 것이다.

어쩌면 당신이 들은 성폭력이나 성희롱에 관한 이야기들은 매우 모호하고, 정확하지 않거나 너무 극단적으로 들릴 수도 있다. 아이들의 경우 설명을 잘 하기 어려워 할 수도 있다. 그러나, 아동일지라도 그를 신뢰하라. 당신에게 그 어려운 이야기를 시작하는 것은 그저 고통을 덜 수 있도록 나누고 싶은 것이다. 따라서 상황을 너무 정확히 이해하려고 캐묻거나 의심스런 태도를 보이기 이전에 존중하는 태도로 그녀의 이야기를 들어주어라.

성폭력 피해자와 이야기할 때 주지하고 있을 내용들

• 그 사람을 믿어라.

• 함께 시간을 보내라.

• 성폭력은 결코 피해자의 잘못이 아니라는 것을 더욱 명확하게 해주어라.

• 성폭력과 그 회복 과정에 대해 익히고 있어라.

• 가해자를 동정하는 말을 하지 말라.

• 성적 피해자의 분노, 고통, 두려움들의 감정이 당연한 것임을 알려주어라.

• 당신의 연민을 표현하라.

• 회복될 수 있는 시간과 공간을 마련해 주어라.

• 지지를 받을 수 있도록 격려해 주어라.

• 성적 피해자를 희생자로 간주하지 말고 능력 있고, 자신의 삶을 개선할 수 있는 용기 있는 여성으로 보아라.

옹호자가 돼라

옹호자가 돼라. 성폭력은 사회 문제이며, 피해를 당한 사람은 약자의 입장에 설 수밖에 없다. 따라서 성폭력으로 너무도 힘을 잃고 있는 피해자에게, 피해자와 같은 처지에서 성폭력에 대항하겠다는 마음으로 도움을 주며, 피해자의 권리를 찾아줄 수 있도록 돕는 옹호자로서의 마음가짐을 가지라. 문제를 무마하거나, 잊어버리도록 강요하는 것이 아니라 해결하고자 하는 의지를 갖도록 돕는 사람이 필요하다.

정보 제공자가 돼라

성폭력 피해 이후에 몸의 상태, 정서적 상태 등으로 인해 많은 전문적 서비스가 필요하다. 신체적 피해에 대한 진료도 필요하고, 경찰에 신고하고 고소하기 위해서는 법적 절차도 밟아야 하므로, 때로는 성폭력 상담소 전화 번호 하나가 매우 큰 정보가 되기도 한다. 성폭력 피해를 받은 청소년들은 경황이 없기 때문에, 그리고 두려움으로 인하여 적극적으로 도움을 요청하지 못하는 경우가 많다. 따라서 피해자에게 도움이 될 수 있는 정보들을 제공해줄 책임이 당신에게 있다. 당신은 인터넷이나 자료들을 통해, 법적 절차, 다양한 상담 기관의 하는 일 등을 수집하여 도움을 줄 수 있다. 물론 피해자가 아직 준비가 되지 않았는데 그러한 정보들을 이용하도록 강요하는 것은 좋지 않다. 그러나, 다양한 정보를 찾아봐 주고 서비스를 이용할 때에 함께 가주거나 도와주는 것이 피해자에게는 힘이 될 것이다.

인내심 있는 친구가 돼라

성폭력 피해자의 신체적·정신적 회복에는 매우 오랜 시간이 걸린다. 그렇기 때문에 초기에는 큰 관심을 갖지만 사실 시간이 지나갈수록 그로부터 벗어나고 싶은 생각이 들기도 한다. 왜냐면 성폭력 피해 사실과 그 안에서 무력해지고 있는 친구를 본다는 것은 당신의 에너지도 소진시키는 일이기 때문에 멀어지고 싶고, 함께 하고자 하는 용기를 잃게 되는 경우도 있다. 그러나, 그럴 때마다 당사자는 훨씬 더 고통스럽다는 사실을 기억하며, 해결해야 할 문제들을 돕기 위한 다양한 방법들을 창의적으로 생각해 보라. 만약 당신 능력의 한계를 벗어나는 도움을 구할 때에는 전문가에게 의뢰하도록 하라. 그것이 피해자에게는 더 빠른 회복의 길을 가져다 준다. 그렇더라도 책임을 떠넘기고 안도의 한숨을 쉬지 말고, 인내를 가지고 지속적으로 함께 있음을 확인시켜 주는 것이 필요하다.

인권 보호를 위한 작은 결심 — 성폭력과 맞서 함께 싸우기

성폭력을 당한 친구를 돕기 위해서는 직면해야 하는 하나의 사실이 있다. 그것은 성폭력의 피해자가 자신의 인권을 침해받고 그에 항거하는 몸부림을 시작했다는 것이고, 지켜보는 자들은 무너져 가는 인권을 보호하고 권리를 찾기 위한 싸움의 선상에 있다는 사실이다. 피하려고 해도 성폭력 피해자와 함께 한다는 사실만으로도 가끔은 불이익을 감수해야 하는 상황이 생기기도 한다.

만약에 가해자가 같은 반 담임 교사라면 우선적으로 그 일로 인해 담임 선생님을 만나는 것이 편치 않아질 것이고, 한편으로는 피해자에게 담임 선생님의 입장을 지속적으로 설득하여 일을 만들지 않도록 하고 싶은 충동을 느끼기도 한다. 무언가 저항한다는 것은 심각한 일이 일어날 것을 예견하는 것이고, 그러한 일들에 대항할 힘이 없다고 느끼거나, 또는 피해자의 친구로서 자신도 받게 될 피해를 생각해 볼 때에 그저 포기하고 싶은 마음이 들 수도 있다. 같은 형제로서 가해자가 아버지였다는 것을 알게 될 때에도 마찬가지 심정일 수 있다.

틀림없이 피해자를 돕고 싶지만, 한편으로는 지금까지 어떤 모양으로든 유지되어 오고 있던 가족의 틀이 깨어지는 것에 대한 두려움 때문에 피해 사실을 외면하고 싶어질 때가 많은 것이다. 어쩌면 당연한 것이다.

우리가 인권의 침해를 받고 있으면서도, 곳곳에서 폭력이 일어나고 있음에도, 잘 저지가 되지 않는 것은 지속적으로 끝까지, 폭력적이지 않은 다른 방법으로 저지할 만한 뚜렷한 방안을 잘 찾지 못하기 때문이다. 그래서 무력감을 느끼게 되고, 그 무력감은 앞으로 살아가야 할 사회에 대한 불신과 패배감을 낳게 한다.

그러므로 피해자를 돕는다는 것 안에는 이 땅의 여성으로서 살아가는 의미에 대한 사고의 전환과 헌신이 따른다는 사실을 깨달아야 한다. 그 동안 한번도 생각해 보지 못했던 성폭력 가해자의 특성, 피해자의 어려움, 처리 절차, 그 이면에 깔려 있는 성문화의 실체들, 폭력의 특성, 그리고 약자들의 권리 보호의 어려움 등에 대한 고민으로 혼란이 일어날 수 있다. 따라서 지속적으로 이야기를 들어주기 위해서는 궁극적으로 성폭력의 피해자가 느끼고 경험하는 것을 적극적으로 공감하고자 하는 의지가 필요한 일임을 깨닫게 된다. 그러나, 더 이상의 피해자를 막기 위해서 함께 거룩한 투쟁에 나서게 된다는 것은 얼마나 귀중한 일인가? 용기와 희망을 가지고 피해자와 함께 그 길에 서는 것은 매우 숭고한 일이며, 단지 성폭력 상담소나 법에만 맡겨 놓을 일이 아닌 것이다.

피해자의 친구로서 자신 역시 피해자가 될 지도 모를 이런 사회를 개선하기 위해 함께 가야 할 길들이 남아 있는 것이다. 가해자를 고소하여 법정에 서도록 한다거나, 성폭력 문제를 가지고 사회 운동에 적극적으로 동참하는 방법에만 한정되는 것은 아니다. 무엇보다도 마음 깊숙이 피해자를 돕는 태도를 가지는 것을 말한다. 피해자를 돕는 친구가 됨으로써 피해자의 입장에서 함께 가면서, 알아나가고 배워야 할 것이다.

따라서 인간으로서의 권리를 보호하고, 청소년으로서, 여성으로서 권리를 행사하기 위한 작은 결심을 하기 바란다. 그것이 피해를 입은 친구가 더 이상 피해자로서만 살지 않고 주체자로 살 수 있도록 가장 확실히 돕는 길이다.

성교육은
성폭력 치유의 장이 될 수 있다

어린이와 청소년들은 자신이 겪은 일들을 표현하지 못하고 고통 속에서 많은 시간을 보낸다. 우리가 읽어내려 왔듯이 심한 일에서부터 작은 성추행의 기억들까지 그들이 비밀로 간직하여 오던 것들이 있다. 그 동안 애써 피해 왔던 주제이기도 하고, 자신에게 일어났던 일이 무엇이었는지조차 잘 모르고 지나오기도 하였다. 어떨 때는 견디기 힘들게 밀려오는 분노에 휩싸이기도 한다.

이러한 나쁜 비밀이 주는 상처는 성교육 시간이라는 공식적인 장을 통해 치유될 기회를 얻을 수 있다. 우리 사회에서는 아직도 어린이가 성폭력을 당하더라도 부모나 어른들에게 이야기하기를 매우 어려워하고, 어른들 또한 아이들의 이야기를 듣게 되도 적절한 반응을 하지 못하고 당황하게 된다. 사회적으로 성폭력에 대처하는 기제들이 매우 열악한 상황이다. 그렇기 때문에 상처를 해결하지 못한 채 자란 청소년들은 사춘기를 지나고 여성으로서 성적 정체성을 확립하게 되는 시기에 와서 다시 한번 그 문제에 직면하게 되는 경우가 많다. 그렇기 때문에 학교에서, 또는 성교육 단체에서 이루어지는 성교육은 성폭력 경험을 가지고 살아가는 청소년들이 회복될 수 있도록 장을 열어 놓는 과정이 된다. 성폭력의 이슈를 성교육 시간에 반드시 다루는 것이 좋고, 그들의 경험이 스스로에게 왜곡되게 받아들여져서 일어나고 있는 모든 부작용들을 재해석할 수 있는 기회를 주어야 한다. 또한 비밀로 자리잡고 있었던 사건들을 안전한 성교육 현장에서 고백할 수 있는 기회가 주어진다면 더욱 좋을 것이다. 말로 표현하는 것이 어렵다면 글로 쓰게 하는 것도 매우 효과적이다. 그들은 글을 쓰면서 자신의 경험을 정리하게 되고, 죄책감이나 수치심, 또는 뭔가 문제가 있는 것처럼 용납하지 못하고 있던 자신을 받아들이는 길이 된다. 그러한 경험은 자아의 통합과 성에 대한 올바른 정체성을 갖는 데 필수적인 과정이다.

물론 성폭력 방지를 위해서는 예방이 가장 중요하다. 그러나, 성폭력을 당한 경우에는 즉각적인 개입이 이루어지는 것이 치유에 가장 효과적이다. 따라서 어린이들이나 청소년들과 함께 있는 부모나 교사, 그리고 현장에 있는 이들은 성폭력 사건이 있은 직후 이를 발견할 수 있도록 할 뿐만 아니라 피해자를 위해 즉각적인 조처를 취하는 방법을 알고 있어야 할 것이다. 그러나, 여러 가지 이유들로 인해 어린이나 청소년들이 성폭력을 겪고도 회복되지 못하고 그냥 지나쳤다면 공식적인 성교육 현장에서 안전한 치유를 위한 시간을 할애해야 할 것이다. 특히 우리 나라에서는 드러나지 않는 피해자들의 수가 상당히 많을 것으로 짐작되기 때문이다. 가벼운 성추행이나 일회적인 사건으로서의 성폭력 경험도 청소년들에게 상당한 영향을 남기게 되지만, 성폭력의 실체를 이해하고, 성적 주체성을 가질 수 있도록 적절한 교육이 이루어진다면 어느 정도 회복이 될 뿐 아니라 더 좋은 사회를 만들 수 있다. 지은이는 현장에서 많은 청소년들과 성폭력에 대해 다루고 함께 토의하며, 또 비밀 사건들을 고백하는 과정에서 자유로워지는 효과를 직접 경험할 수 있었다.

성인이 되기 이전에 성폭력의 실체를 깨닫고 개념을 정립하고, 또 자신의 성을 소중히 여기게 되는 것은 성인이 되어서 성폭력에 노출될 기회를 최소화하는 데에도 도움이 될 수 있다. 그리고, 성폭력의 위협과 성폭력적 문화에 대해 대항할 수 있는 힘은 이러한 경험으로부터 온다는 것을 알 수 있다. 또한, 성교육 현장에서는 현재도 지속적으로 성폭력에 노출되어 있거나, 가정 내에서 근친 강간을 당하고 있는 등 심각한 어려움에 처해 있는 경우를 성폭력 상담소나 전문 기관에 즉각적으로 의뢰하는 중간 체계의 역할을 할 수도 있다. 따라서 성폭력 피해가 악화되는 것을 막고 깊이 있는 치유의 시간을 갖도록 기회를 제공하는 것은 또 다른 의미에서의 예방인 것이다.

성폭력 해결을 돕는 기관들

성폭력 피해에 대처하기 위하여 전문가에게 도움을 구하거나 법적 해결을 원할 때 다음과 같은 체계들이 당신을 도울 수 있다.

성폭력 피해 상담소·성폭력 피해 보호 기관

현재 우리 나라에는 성폭력 특별법에 의거하여 성폭력 피해 상담소와 성폭력 피해 보호 기관이 있다. 전국에 48개소가 있는 성폭력 상담소에서는 성폭력 피해를 신고 받거나 이를 위한 개인 및 집단 상담을 실시하고 있다. 성폭력 상담소에서 하는 업무들로는 성폭력 피해를 신고 받거나 상담에 응하는 일, 성폭력 피해로 인해 정상적인 가정 생활 및 사회 생활이 어렵거나 기타 사정으로 긴급히 보호를 필요로 하는 사람을 병원 또는 보호 시설로 데려다 주는 일, 가해자에 대한 고소와 피해 배상 청구 등 사법 처리 절차를 위하여 대한 변호사 협회·대한 법률 구조 공단 등 관계 기관에 필요한 협조와 지원을 요청하는 일, 성폭력 범죄의 예방 및 방지를 위한 홍보를 하는 일, 성폭력 범죄 및 성폭력 피해에 관하여 조사·연구하는 일 등을 수행하고 있다.

또한, 성폭력 피해자들을 위한 쉼터에서는 피해자를 일시 보호하고, 신체적, 정신적 안정 회복과 사회 복귀를 돕는 일들을 하고 있다. 현재는 7개소의 보호 시설이 있으며 보호 기간은 평균적으로 6개월 정도이다. 만약 가해자로부터 다시 성폭력을 당할 위급한 상황에 있는 경우는 보호 시설의 보호를 받을 수 있다.

성폭력 전담 의료 기관

현재는 성폭력 전담 의료 기관으로 국공립 병원과 보건소, 민간 의료 시설을 포함하여 약 100여 개 정도 지정되어 있으며, 이 병원들은 성폭력 상담소를 통해 안내 받을 수 있다. 성폭력이 일어난 후에 필요한 의료 서비스로는 상처 부위에 대한 치료, 증거 보존을 위한 각종 검사, 그리고 본인이 원할 때 진단서 발급 등의 서비스를 제공하고 있다. 또한 심한 충격이 장기간 지속될 경우에는 정신건강에 매우 심각한 영향을 주게 되는데 이를 위해 정신과의 도움을 받음으로 외상 후 스트레스 장애(Post Traumatic Stress Disorder)를 극복할 수 있다.

사법 처리를 위한 경찰, 검찰 등의 관계 기관

성폭력 상담소에서는 가해자에 대한 고소와 피해 배상 청구 등 사법 처리 절차를 위해 경찰, 검찰 등의 관계 기관과 협력하여 일하고 있으므로, 사법 절차에 있어서도 도움을 줄 것이다. 또한, 성폭력과 관련된 기본적 법률 지식을 알고 있는 것은 예방과 해결을 위해 매우 필요한 일이다. 만약 본인의, 또는 주변에서 일어난 아동 및 청소년의 성폭력 사건에 적용되는 법과 그 절차를 구체적으로 알기 원한다면 가정법률 상담소와 여성을 위한 인터넷 법률 사이트를 이용하면 매우 자세한 상담이 가능하다. 또한, 성폭력 상담소에서는 법적 처리 절차를 돕고 있으므로 이용할 수 있다.

성폭력 사건을 법적으로 처리하기 위해 미리 해두어야 할 일

• 증거 자료를 확보하라.
 - 범인의 각종 특징을 잘 기억해 두라. 특히 모르는 사람일 경우에는 신장, 체중, 체형, 얼굴형, 복장, 신체상 특이 부분 등을 잘 기억해 두라.
 - 현장 검사가 끝날 때까지 신체·의복에 묻은 범인의 분비물과 피해자의 찢어진 옷, 음모, 침, 머리카락 등을 일체 보존하라.
 - 병원을 찾아가 정액 체취와 성병 감염 및 임신 여부를 알아본다.
 - 치상 부분은 진단서를 발급받고, 치상이 없는 경우(어린이 성추행 등) 증거 확보를 위해서 가해자에게 전화 등으로 성폭행 사실을 시인하도록 유도하여 녹음을 해놓으라.

• 경찰에 신고하라.
 - 경찰의 성폭력 피해 상담 전화를 이용하여 신고한다. 경찰서에는 성폭

력 담당 경찰관이 지정되어 있으므로 이를 찾아서 신고할 수 있다.

- 범인이 도주하거나 위급할 경우에는 국번 없이 112에 신고한다. 신고시에는 당황하지 말고 빠른 시간 내에 정확한 위치, 내용, 인상 착의 등을 간략히 말하고 범인이 차량을 이용할 때에는 차량 번호를 말한다.

• 고소를 할 경우

- 고소라 함은 피해자, 기타 고소권자가 검찰·경찰 기관에 대하여 범죄 사실을 신고하여 범인의 소추를 구하는 의사표시인데 성폭력에 관한 범죄 중 강간에 의한 치사상을 제외한 범죄는 피해 당사자가 고소를 해야 하는 친고죄이다.

- 어린이 성폭행의 경우 어린이(13세 미만)는 직접 고소할 수 없고 법적 대리인이 가능하다. 미성년자 간음죄의 경우는 미성년자의 의사와 관계없이 친권자에게 독립한 고소권이 있다

- 친고죄의 경우, 범인을 안 날로 1년 이후에는 고소를 할 수 없다.

- 고소할 때에는 성폭력 피해와 관련된 증거물품과 정황 자료를 정확하게 정리하여 제출한다.

- 고소 방법 및 절차는 법률 구조 공단이나 법률 전문가의 도움을 받을 수 있다.

성폭력 관련법

성폭력 특별법

「성폭력 범죄의 처벌 및 피해자 보호 등에 관한 법률」은 1994년 4월부터 시행되었고, 1997년, 1998년 2차례 개정되었다. 이 법의 목적은 "성폭력 범죄를 예방하고 그 피해자를 보호하며, 성폭력 범죄의 처벌 및 그 절차에 관한 특례를 규정함으로써 국민의 인권 신장과 건강한 사회 질서의 확립에 이바지함"을 목적으로 한다. 제1장은 총칙으로 법의 목적, 성폭력 범죄에 대한 정의, 국가와 지방 자치 단체의 의무, 피해자에 대한 불이익 처분의 금지 등의 내용을 담고 있다. 제2장은 친족 관계에 의한 강간, 장애인에 대한 간음, 13세 미만의 미성년자에 대한 강간, 강제 추행 등에 대한 내용과 고소, 심리의 비공개, 신고 의무 등 성폭력 범죄의 처벌 및 절차에 대한 특례 내용을 규정하고 있다. 제3장에서는 성폭력 피해 상담소, 보호 시설 설치와 업무, 의료 보호 등에 관한 내용을 명시하고 있다.

1997년에 청소년에 대한 성교육 및 성폭력 예방에 필요한 교육 관련 조항(1장), 친족 관계의 강간시 친족의 범위, 장애인에 대한 간음, 증인 신문 과정에서 신뢰 관계에 있는 자의 동석, 신고 의무 등에 관련된 처벌 및 절차에 관한 조항(2장), 보호 시설 설치, 감독, 의료 보호(3장) 등의 내용을 중심으로 개정되고, 1998년 통신 매체 이용에 의한 성폭력 관련 조항 삽입을 위한 또 한번의 개정이 이루어졌다.

가정 폭력 관련법

가정 폭력과 관련된 법에는 크게 가해자 처벌을 위한 「가정 폭력 범죄의 처벌 등에 관한 특례법」이 있으며, 피해자의 보호를 위한 「가정폭력 방지 및 피해자 보호 등에 관한 법률」이 있다. 이 법률은 1997년 12월에 제정되어 2차례 개정되었다. 가해자 처벌을 위한 특례법에서는 폭력 가해자에 대한 처리 규정으로 "가정 폭력 범죄의 형사처벌 절차에 관한 특례를 정하고, 가정 폭력 범죄를 범한 자에 대하여 환경의 조정과 성행의 교정을 위한 보호 처분을 행함으로써 가정폭력 범죄로 파괴된 가정의 평화와 안정을 회복하고 건강한 가정을 육성하는 것"을 목적으로 하고 있으며, 피해자 보호를 위한 법률에서는 "가정 폭력을 예방하고 가정 폭력의 피해자를 보호함으로써 건전한 가정을 육성함을 목적으로 한다"고 명시하고 있다.

아동 학대 관련법

2000년 아동 복지법의 개정과 함께 아동 학대에 대한 처벌 및 아동의 보호를 공식적으로 규정하는 법적 근거가 마련되었다. 이 법률은 2000년 1월에 개정되어 7월부터 시행된다. 개정된 아동 복지법에 근거한 아동 성 학대에 대한 법률 조항을 간단히 살펴보면 아동 학대를 위한 24시간 운영의 긴급 전화를 설치하여 아동 학대에 대한 신속한 신고를 할 수 있도록 하며, 아동 보호 전문 기관의 설치 또는 지정 운영, 학대 받은 아동에 대한 응급 조치 실시를 내용으로 하고 있다.

청소년의 성 보호법

2000년 2월에 제정되어 7월 시행된 「청소년의 성 보호에 관한 법률」에서는 청소년을 유해 행위로부터 보호, 구제하여 청소년의 인권을 보장하고 건전한 사회 구성원으로 성장할 수 있도록 함을 목적으로 한다. 이 법안에서는 19세 미만의 남녀를 청소년으로 규정하고 청소년과 성관계를 갖거나 윤락 행위를 강요한 사람의 신상을 공개하는 등의 처벌을 하도록 하고 있다. 즉, 이 법을 통해 청소년에게 금품 등을 주고 성관계를 맺거나 강제로 성폭행하거나, 윤락 행위를 강요하거나 청소년의 인신을 국내외로 매매한 경우 등은 해당 범죄자의 이름과 나이, 직업, 범죄 사실 등을 관보에 게재하는 등 연 2회 이상의 방법으로 공개하도록 규정하고 있다.

제 3부

성폭력 없는 사회를 향하여

남성과 여성이 함께 살기 위해서는
여성을 동등한 인격체이며
존귀한 인간으로 받아들이는
작업이 필요하다.
여성은 단순히 성적 대상이
아니라는 점을
사회 전체가 인정해야 하는 것이다.

끝낼 수 없는 이야기

우리는 그 동안 우리 사회에서 어린이와 청소년들이 노출되어 있는 성폭력의 현장을 살펴보았고, 개인적 차원에서의 치유와 회복에 대해 살펴보았다. 그러나, 거기서 이야기가 끝나서는 안 된다고 생각한다. 왜냐면 성폭력이란 사건은 개인간에 일어나는 단순하고도 사적인 사건이 아니라 사회 현상을 반영하고 있는 사회 문제이기 때문에 그렇다. 성폭력은 인간의 존엄성, 도덕성, 가정 기능, 교육 제도, 대중 매체, 정치성, 다양한 개인적 요인과 사회적 요인이 얽혀진 결과이다. 특히 성폭력 사건 밑에 성폭력에 기여하고 있는 문화가 자리잡고 있음을 간과해서는 안 된다. 그러므로 성폭력 없는 사회를 만들기 위해서 성폭력 사건을 줄여야 하고, 성폭력에 대한 인식이 바뀌어야 하며, 그러기 위해서는 우리 문화 저변에 흐르고 있는 성폭력적 분위기가 바뀌어야 한다.

성폭력과 우리 문화

성폭력은 예외적인 일이 아니다. 오히려 지금까지 논의해 왔듯이 우리 생활의 곳곳에서 매우 일상적으로 일어나고 있다. 어린이와 청소년들도 예외는 아닌 것이다. 또한 이들이 겪어 왔던 성폭력의 유형도 매우 다양함을 알게 되었다. 그러므로, 성폭력이 어떤 정신이상자에 의해 이루어진 특별한 사건이 아니라는 뜻은 우리 사회에 성폭력을 유발하는, 아니 적어도 방치하는 성문화가 존재하고 있다는 것을 의미한다.

남성다움과 여성다움의 허실

성 역할이란 쉽게 말하면 사회 안에서 남성이나 여성에게 기대되는 역할을 의미한다. 쉬운 말로 "남자는 이래야 돼, 여자는 이래야 돼"하는 내용을 의미한다. 이는 생물학적 남녀의 차이에만 기인하는 것이 아니라 오랜 사회 문화적 관습에 의해 이루어진 산물이다. 우리 사회는 이른바 가부장제 문화를 이루고 있어, 가장 대표적인 예로 남성은 사회 활동을 하고, 여자는 남성을 떠받들며 가정을 지키는 사람으로 규정되어 왔다. 그래서 남성답다는 것은 적극적이고, 때로는 공격적인 것을 의미할 때가 많다. 한편 여성답다는 말은 수동적이고, 순종적인 것을 의미하며 남녀는 불평등한 사회적 관계를 맺고 있다.

시대가 변하여 남성다움과 여성다움에 대한 논쟁이 많이 이루어지고 있음에도 불구하고 아직도 우리 사회의 구성원들은 남녀가 다른 고정적인 성 역할에 매여 있다. 성행위와 관련된 측면에서는 이러한 고정 관념이 더욱 극명히 드러난다. 남성들은 청소년기에 적극적이고 성적인 주도권을 가지고, 본능을 참기보다는 실현하는 존재로 인정받는다. 그래서 성적 경험은 그야말로 자랑거리가 되어 왔다. 그 대신 감정을 드러낸다거나 정서적으로 예민하다는 것, 또는 잘 우는 것 등은 남성답지 못하다고 억압되었음을 볼 수 있다. 반면에 여성들은 "성에 관심 없음"이 곧 순결하고 정조 있는 여자라는 의식을 주입받고 남성이 원하면 자신의 의지와 상관없이 맞춰 주어야 하는 존재로 치부되어 왔다.

아동들이 성폭력을 당하는 현장에도 이러한 성 역할의 규제를 받고 있음을 알 수 있다. 어른 남성의 경우에는 물론이고, 비슷한 나이나 고작 몇 년 위인 남성들도 어린 여성을 얼마든지 마음대로 할 수 있으며, 여성들은 대항할 수 없다고 생각하고 있다. 그래서 억압적이고 강제적인 성폭력이 일어난다. 남성들은 여성을 같은 인간으로 평등하게 대하는 게 아니라 성적으로 대상화하여 자신의 욕구 충족을 위해 여성을 이용하는 것을 당연하게 받아들이는 경향이 높은데, 이를 남자아이들도 자연스럽게 답습하고 받아들이는 과정을 볼 수 있다. 또한 여성들은 얌전하고 조용히 있는 것이 여성적이라는 미명 아래 성에 관한 일에조차 자신의 주장을 잘 하지 못하는 경향이 있다. 거기에 어린 사람을 무시하는 관습이 함께 어우러져 어린 여자아이들이 희생되고 있는 것이다.

남성다움과 여성다움의 신화는 성폭력에만 국한된 것이 아니라 사회 전반의 남녀 차별을 정당화하고 지속시키고 있다. 특히 약자인 여성들은 여성다움에 의해 억압되었고, 그러한 억압을 견디어 나가도록 훈련되어 있다. 그러나, 앞으로의 사회는 그렇지 않아야 한다. 양쪽 성 모두가 자유로운 상태에서 여성, 남성을 떠나 양성성을 가지고 각자의 개성을 살려 조화롭게 살아가는 인간상을 만들어가야 한다. 사실 각자의 인격은 매우 독특하여 남성, 여성으로 이분하여 틀 지우기에는 너무나 다양하다. 그렇기 때문에 "나는 나로서" 살아야 한다. 성폭력을 다루었던 영화의 제목처럼 "단지 그대가 여자라는 이유만으로" 억압받는 사회는 사라져야 한다.

성 상품화와 여성의 성적 대상화

자본주의 사회에서는 이전과 다른 특징적인 성문화가 자리를 잡고 있다. 상품 광고에서도, 가수들의 몸짓에서도 좀더 자극적이고 성적인 매력이 상품 가치를 높이는 일이라는 사실이 확인되고 있다. 최근에 와서는 성적 표현을 더 적나라하게 하는 것이 마치 성적으로 자유로워지는 것처럼 잘못 인식하고 있다. 사람들은 전통적이고 가부장적인 성 규범과 성적 자유를 추구하려는 개방적 성 규범의 혼재 속에서 혼란스러워하고 있다.

그런데, 상업적으로 성이 상품화되고 있다는 사실은 성이 인격의 또 다른 측면이 아니라 하나의 상품이며 사물로 전락해 버렸다는 뜻도 된다. 이러한 성 상품화의 가장 결정적인 문제는 왜곡된 성 의식이 확산된다는 데에 있다. 그렇다면, 성 상품화와 성폭력이 어떤 관련이 있다는 말인가?

청소년들은 성을 쉽게 살 수 있고 가질 수 있는 것으로 생각할 뿐 아니라 음란 매체의 영향으로 인해서 포르노적인 성적 환상을 현실에서 실행으로 옮기고 있다. 이는 청소년들의 성범죄에 많은 영향을 주고 있다. 또한, 여성은 이 과정에서 단순한 성 상품으로 인식되고 있다. 주체성을 가진 인격으로보다는 광고나 음란물에서처럼 욕구를 충족시키고 환상을 실현시켜 줄 수 있는 하나의 상품처럼 여겨지는 것이다. 이러한 인식들은 성폭력을 직접적으로 확산시킨다.

성폭력 범죄를 저지른 청소년들은 흔히 "포르노를 보고 따라했다"고 쉽게 이야기한다. 그러므로 이러한 성과 상업주의의 만남에서 여성들은 피해자가 되기 쉬우며, 남자 청소년들의 경우에도 이러한 문화에 종속되는 결과를 낳게 된다. 이들은 여성들을 인격적인 존재로 받아들이기 힘들어한다. 여성들을 상대로 성폭력과 폭력을 사용한 후에도 자신의 행동이 상대방에게 어떤 영향을 주리라는 것을 쉽게 상상하지 못할 뿐만 아니라, 실제로 고통받고 있는 모습을 보아도 그것이 얼마나 아프고 힘들까 공감하는 능력을 상실하고 있다. 이들은 피해자의 고통을 구구절절이 이해하지 못한다. 몸이 상하고 아픈 것은 좀 있으면 괜찮아질 것이고, 애를 갖으면 떼버리면 되고, 심리적 고통은 그냥 나 몰라라 무시하면 되는 일인 것이다. 성폭행을 하려 할 때 반항하는 여성들이 뺨을 한대 맞고 나면 너무 위협적이고 무서워서 무기력해지는 것을 보고 더 이상 반항하지 않는 것은 수긍한다는 뜻이야 하고 매우 자의적이고 편리한 결론을 내버린다.

그러므로 특히 성의 사회화가 이루어지는 청소년 시기에 올바른 가치관을 심어줄 수 있는 성교육이 반드시 필요하다. 남성과 여성이 함께 살기 위해서는 여성을 동등한 인격체이며 존귀한 인간으로 받아들이는 작업이 필요하다. 여성은 단순히 성적 대상이 아니라는 점을 사회 전체가 인정해야 하는 것이다.

폭력을 허용하는 사회 : 폭력은 있을 수 있는 일이다?

최근 우리 사회에서 보이는 많은 문제들은 하나의 공통점을 가지고 있다. 청소년들 사이에 가장 큰 문제로 부각되고 있는 학교 폭력과 왕따를 비롯하여, 아내 구타, 그리고 아동학대에 이르기까지 우리 사회에는 폭력 문화가 내재되어 있다.

얼마 전에는 어떤 학부모가 학생들 앞에서 교사에게 폭력을 휘둘렀다고 하는 뉴스가 보도되어 경악을 금치 못하였다. 이쯤 된다면 우리 사회는 폭력을 상당히 허용하는 태도를 취해 왔다고 볼 수 있으며, 남녀 노소를 막론하고 폭력이 사회 곳곳에 숨어 있다는 것을 알 수 있다. 가정 폭력에 있어서도 어떤 사회에서는 "가족 구성원을 때리는 일은 절대로 있을 수 없는 일"이라는 인식이 사회 저변에 깔려 있기 때문에 이에 대한 사회적 제재 조치 또한 매우 정교하게 이루어지고 있다. 반면에 "북어와 여자는 패야 맛이 난다"는 말이 있을 정도로 가족 내에서 여자나 아동을 구타하는 것이 집안 문제로 치부되거나, 사안에 따라 있을 수 있는 일로 여겨지는 우리 사회에서는 선진국의 약 3배에 이르는 가정 폭력이 일어나고 있다.

성폭력도 폭력의 일종이다. 특히 남성의 여성에 대한 폭력이며, 성을 매개로 하여 권력을 행사하는 폭력인 것이다. 그 동안 우리 사회는 이러한 폭력의 문제에 대해서 별 관심이 없었다. 그저 갈등을 해결하는 한 방식으로서 "홧김"에 이루어지는 폭력에 허용적이었다. 그러나, 어떤 경우에 있어서도 폭력은 허용될 수 없다. 또한, 성폭력이 허용될 수 없다는 것은 어느 누구도 성에 의해서 차별받지 않아야 한다는 평등 원칙을 고수하는 것을 의미한다. 폭력은 인권 침해의 문제인 것이다.

성폭력 피해와 관련된 편견들

성폭력 피해 : 당당히 말할 수 없는 현실

만약 성폭력범이 소매치기나 강도라고 한다면 우리는 훨씬 더 수월하게 신고하고 고소할 수 있을 것이다. 물론 보복이 두려워서 신고를 안하는 경우도 있지만, 적어도 사람들이 알게 되는 것이 두렵고 수치스럽다고 느끼지는 않을 것이다. 성폭력도 마찬가지로 당당하게 지적하여 해결하고, 스스로도 해결을 위해 주변 사람들에게 원조를 요청할 수 있는 사회적 분위기가 되어야 한다. 따라서 성폭력 피해자들은 아직까지는 그렇지 못한 편견들과 싸워야 한다.

아무에게도 말할 수 없는 일?

비밀은 무섭다. 그러나, 비밀 누설은 더 끔찍하다. 이것은 성폭력 피해자들이 갖게 되는 생각이다. 지금까지는 성폭력 피해 사실이 외부로 알려졌을 경우 피해자는 오히려 더 큰 낙인과 상처에 노출되는 위험이 아주 컸다. 피해자들은 비난의 대상으로 여겨지기도 하고, 처리 절차에서도 모욕적이고 심리 정서적으로 폭력적인 상태에 놓이기도 하였다. 성폭력 피해 사실을 누구에게나 말할 필요는 없다. 그러나, 필요한 때에 얘기할 수 있는 일이 되어야 한다. 피해자 입장에서도 용기가 필요하지만, 피해자를 둘러싼 가족과 주변 환경이 그러한 분위기 속에 있어야 한다.

순결을 잃었다?

성폭력을 당하고 나면 많은 소녀들은 "순결"의 문제에 집착하게 된다. "당했다", "더러워졌다"고 느끼는 것은 성기의 순결 관념과 관련된다. 그러나, 잘 생각해 보자. 과연 순결을 잃었다, 정조를 상실했다는 말은 성립되는가?

애초에 순결과 정조를 강조하는 것은 여성을 성적으로 통제하고자 하는 남성들의 발상이다. 아니면 순결의 문제는 남녀 모두에게 부가되어야 하는 하나의 윤리인 것이다. 그런데, 남성들은 정조 관념을 거의 가지고 있지 않을 뿐 아니라 지킬 의향이 거의 없음에도 불구하고, 미혼 여성에게는 순결을 강조하고, 기혼 여성에게는 정조를 강조한다. 그러면서 그들은 쾌락을 즐기기 위해 분리된 또 하나의 여성상을 만들었다. 그래서 그들은 가정에서는 "마리아" 같은 정조 있는 여성을 원하면서, 성적 쾌락은 "마돈나" 같은 여성으로부터 쟁취한다. 여성을 정숙한 여성과 타락한 여성으로 이분화하여 양면적인 남성의 욕구 충족을 정당화한다. 이러한 이유로 성폭력을 당하고도 여자 청소년들은 순결의 상실감이나 죄책감에 시달리게 된다.

그러나 성폭력은 순결을 잃은 죄가 아니라 인권을 침해당한 사고이다. 성폭력 자체가 성관계의 성립이 아니기 때문에 몸을 버렸다고 생각할 문제 자체가 아닌 것이다. 그럼에도 불구하고 많은 여학생들이 그러한 문제로 고민하게 되는 이유는 우리 사회가 성적 주체성이 아닌, 남성 중심의, 그리고 성기 중심의 정조 관념을 강조하고 있기 때문이다. 정숙한 여성의 주류로부터 벗어나는 것에 대한 두려움이 생겨나는 것이다. 그러므로, 잃은 것은 순결이 아니라 성적 자율권임을 다시 한번 기억하고, 이를 되찾기 위한 사회의 노력에 관심을 기울이는 것이 마땅하다.

신고하면 잘 처리될까?

성폭력 문제가 법적 처리 절차를 따르게 될 경우에 피해자는 매우 큰 심리적 부담감을 느끼게 된다. 처리 절차를 신뢰할 수 있을지, 정당한 법의 집행이 이루어질지, 또는 그 안에서 피해자가 보호되는지 등에 대해 의심을 가지는 것이 현실이다. 특히 어린이 성폭력의 경우에는 부모들이 신고를 한 이후에 자녀들이 상처를 받을까봐 망설이게 되는 경우도 많이 있으며, 법 집행 과정에서 심리적으로 모욕을 받음으로써 이중으로 성폭력을 경험할지도 모른다는 불안감이 작용한다. 물론 과거에 법이 생길 초기에는 그러한 일도 많았다. 그렇기 때문에 우선 신고를 해야 한다고 계몽하기 전에 성폭력 문제의 처리에 대한 사회적 신뢰감이 형성되어야 한다. 하지만, 그렇다고 해도 성폭력 범죄는 신고되는 것이 바람직하다. 또한 법적 처리 절차에서 최대한으로 피해를 줄이고, 피해자를 보호하는 것이 궁극적으로는 성폭력 방지를 위한 정교하고 틈새 없는 사회적 제재 수단을 만들어 가는 데 도움을 줄 것이다.

성폭력 피해 사실을 알게 되었을 때에 주변 사람들의 편견

별일도 아닌데 뭘 그래!

현재 많은 사람들은 성폭력이라는 단어를 떠올릴 때에 강간과 같이 성기 접촉이 일어난 사건으로 연상하고 있다. 그래서 피해자가 입은 피해에 초점을 맞추기보다는 자신이 가지고 있는 이른바 "성기 중심적 사고"로 성폭력의 경중을 가늠해 본다. 따라서 가벼운 성추행 정도에 대해서는 얼마든지 있을 수 있는 일쯤으로 치부하고, "별일 아닌데 뭘 그리 호들갑이냐"는 식의 반응을 하거나, 눈에 보이는 상처가 없는 경우 "그냥 잊어 버려라" 하고 말하는 경우가 많다. 학교에서 상습적으로 자꾸 다리를 만지는 남학생을 여학생이 교사에게 가서 일렀더니 교사가 하는 말이 "그깟 다리 내주면 되지 않느냐"고 얘기하였다고 한다. 특히 성추행은 있을 수 있는 일 정도로 생각하는 것이 보편적 사회 인식이다. 그러나 성추행은 엄연한 인권의 침해이며, 폭력의 행사라는 사실을 잊지 말자. 어떤 경우에도 성을 매개로 하여 폭력이 일어날 수 없음을 다시 한번 확인하는 사회적 합의가 필요하다.

남자애들이 그럴 수도 있죠

어린이 성폭력의 가해자가 미성년자인 경우에는 피해자 딸을 가진 부모는 아들을 가진 가해자 부모를 상대해야 하는 일이 일어난다. 그런데, 가해자의 부모들은 자녀가 한 일에 대해 "그럴 수도 있는 일"로 생각하는 경향이 있다. 어리더라도 남자들이니 그런 식의 행동은 가능하다는 것이다. 그러나, 그러한 아들을 방치할 경우 더 큰 성폭력범이 될 수도 있음을 명심해야 할 뿐 아니라 성폭력적 사회를 조장한다는 것을 깨달아야 한다. 부모들은 아들의 행동에 대해서 "남성다움"이라는 허울을 아직도 적용하고 있는 셈이다. 남자아이들은 성폭력을 하면 절대로 안 된다는 것을 깨닫도록 교육시켜야 한다. 또한, 가해자 청소년들에게는 충분한 재교육의 기회가 마련되어야 한다. 그들은 아직 성범죄자가 아니기 때문이다. 그들에게 올바른 성 의식을 형성할 수 있는 교육이 필요하다.

너는 그렇게 될 때까지 가만히 있었니?

성폭력 피해는 성폭력의 본질에 대해 충분한 의식의 전환이 이루어지지 않은 사람에게는 잘 이해가 가지 않는 부분도 있다. 그렇기 때문에 그들은 성폭력이 일어났다는 사실에 대해 오히려 피해자도 성적인 부분에 동조한 것은 아닌가라는 의혹의 눈초리를 감추지 않는다. 그들은 성폭력을 좀 난폭한 성관계의 일종으로 착각하고 있는 것이다. 성폭력은 폭력이다. 사람들은 폭력적 상황에 대해 고려하지 않는 것이다. 설령 신체적 폭력은 없었을지라도 언어적 위협, 정서적 위축감을 느끼도록 하는 것, 도망치거나 발설할 경우에 돌아올 보복적 행위에 대한 위협, 그리고 힘에 의한 강압, 이 모든 것이 폭력에 속하는 것이다. 그렇기 때문에 피해자가 마치 성폭력에 기여한 것처

럼 여기는 시선은 피해자에게 제2의 상처를 더할 뿐 아니라 더 큰 사
회적 좌절에 빠지도록 하는 길이다.

성폭력 없는 사회를 향하여

성폭력적 사회에서는 모두다 피해자가 된다

가부장적 사회에서는 남성도 피해자가 된다. 그 동안 남성들이 크나큰 권력을 향유해 왔던 것이 사실이다. 여성들은 그만큼 희생과 피해 속에 살아왔다. 그러나, 그들은 여성과 항상 공존하고 있으며, 앞으로도 인류는 여성과 남성이 함께 살아야 한다. 또한 남성들 안에도 여성성이 내재하고 있다. 남성은 남성답기만 하고 여성은 여성답기만 해야 하는가? 아니다. 21세기는 오히려 양성성이 통합되어 있고 성 역할에 있어서 매우 유연한 사람들을 원하고 있다. 그 동안 남성들은 이 사회에서 남성답기만을 요구하는 과도한 억압 속에서 왜곡된 심성으로 살아야 했던 피해자이며, 여성이 피해를 입는 만큼 남성들도 가부장적 문화의, 그리고 이중적 성문화의 희생자가 되고 있음을 간과하면 안 된다. 남성들은 권력을 갖는 대신 점차 가중한 책임으로 인해 인성을 잃어가고 있다. 그들 또한 행복하지 않다. 그들도 시달리는 것이다. 현대는 더 이상 강제와 억압으로 한쪽 성을 다룰 수 없는 사회이나 남성들은 아직 여성들과 협상하고 동등한 입장에서 살아가는 방법을 잘 터득하지 못했다. 그러나 앞으로 남성 우월주의와 남녀 차별을 답습하는 남성은 설자리가 없어질 것이다.

남자 청소년들도 성과 관련된 상업주의의 희생자가 되고 있다. 이들은 성산업의 주고객이 되면서 자신들이 성을 살 수 있는 권리가 있는 것으로 착각할 수 있다. 그러나, 실상은 성 상품을 통해 이익을 추구하고 있는 집단의 희생자인 것이다. 남자아이들이 충동을 억제하기 힘들어하고 쉽게 몰입하여 빠져드는 특성을 이용당하여 성적 노예처럼 전락해버린 청소년들이 얼마나 많은가? 그들은 하루의 대부분 시간을 인터넷 음란 사이트에서 눈을 떼지 못하거나, 성폭력을 범하다가 결국은 실형을 선고받는 인생이 될지도 모른다. 또한 성적 쾌락을 끊임없이 부추기고 돈만 있으면 다 누릴 수 있는 문화적 여건으로 인해 어쩌면 유흥비를 대기 위한 범죄 행위에 가담하게 되는 수도 있다. 근본적으로 그들은 성의 본질에 대해 이해하고, 올바른 가치관을 가지고 평생을 살아갈 수 있는 기회를 상실하는 것이다.

아직은 남성들이 피해자처럼 보이지 않는다. 피해자인 여성들의 입장에서 보면 그들은 혹독한 가해자인 것이다. 그러나, 엄밀히 말하면 그들도 피해자이다. 이 이중적 성문화가 낳은 피해자이므로 성폭력적 사회는 남성과 여성 모두를 패배자로 만들며, 공멸하는 결과를 낳을 것이다.

성폭력 없는 사회를 향하여

성폭력 없는 사회는 과연 가능한 것인가? 당장은 힘들지도 모르겠다. 그러나, 충분히 성폭력을 감소시킬 수는 있을 것이다. 단번에 모든 문화가 바뀌는 것은 아니지만, 성폭력 없는 사회를 지향하는 각계의 움직임들은 이를 가능케 할 것이기 때문이다. 특히 어린이 성폭력에 대해서는 지금부터라도 더 많은 관심을 기울여야겠다. 우선 성폭력의 경험이 있는 여자들은 치유와 회복이 있어야 하며, 그 경험을 바라보는 여성들은 이에 대한 인식을 확립해야겠다. 어린이들의 성폭력을 목격했다면 신고를 함으로 일조할 수도 있다. 또한 남성들도 성폭력 없는 사회를 위해 동참해야 한다. 남성과 여성이 함께 노력할 때에 이는 가능한 것이기 때문이다. 우리는 성폭력 없이 다같이 잘 사는 사회를 꿈꾸고 있다. 그를 위해서는 그 동안 언급되어온 많은 선행 조건들이 필요하지만 어렵다고 포기할 일이 절대로 아닌 것이다. 함께 노력해야 할 일이다.

성폭력 없는 사회를 위하여 남녀가 할 수 있는 일들

• 남성들이 할 일
 - 여성을 동등한 인격체로 존중한다.
 - 다른 사람에게 성관계를 강요하지 않는다.
 - 상대방의 "아니오"는 거부의 표시로 받아들인다.
 - 얌전히 있는 것을 동의한 것으로 혼동하지 않는다.
 - 자신이 경험한 강간과 유사한 성관계의 횟수나 성경험에 대해 자랑스럽게 떠들어대는 남자들에게 문제를 제기한다.
 - 대인 관계에 있어서 다른 사람의 반응에 무신경하고 자신의 감정을 잘 표현해내지 못하는 기존의 태도를 버린다.

• 여성이 할 일
 - 평소 자기 주장을 분명히 하는 태도를 갖는다.
 - 규칙적인 운동과 체력 단련을 통해 힘과 자신감을 기르고 호신술을 익힌다.
 - 데이트 상대를 고를 때에 여성을 평등하게 대하지 않고 무시하거나 여성의 행동과 생활을 지배하려는 남성은 되도록 피한다.
 - 상대를 잘 모르거나 친밀한 관계가 될 마음이 없을 때에는 그의 집에 가거나 그를 집에 초대하지 않는다.
 - 성적 희롱을 하거나 여성을 무시하는 태도에 대해서 이의를 제기하고 적극적 해결 방안을 모색한다.

성폭력 범죄의 처벌 및 피해자 보호 등에 관한 법률

---

1. 제정   94. 1. 5   법률 제4702호

2. 일부 개정 95. 1. 5   법률 제4933호 (보호 관찰 등에 관한 법률)

3. 일부 개정 97. 8.22   법률 제5343호

4. 일부 개정 97. 8.22   법률 제5358호 (사회 복지 사업법)

5. 일부 개정 97.12.13   법률 제5453호 (행정절차법의 시행에 따른 공인 회계사법 등의 정비에 관한 법률)

6. 일부 개정 97.12.13   법률 제5454호 (정부 부처 명칭 등의 변경에 따른 건축법 등의 정비에 관한 법률)

7. 일부 개정 98.12.28   법률 제5593호

제1장 총칙

제1조 (목적) 이 법은 성폭력 범죄를 예방하고 그 피해자를 보호하며, 성폭력 범죄의 처벌 및 그 절차에 관한 특례를 규정함으로써 국민의 인권 신장과 건강한 사회 질서의 확립에 이바지함을 목적으로 한다.

제2조 (정의) ① 이 법에서 "성폭력 범죄"라 함은 다음 각 호의 1에 해당하는 죄를 말한다. 〈개정 97 · 8 · 22 법5343, 98 · 12 · 28〉

1. 형법 제22장 성 풍속에 관한 죄 중 제242조(음행 매개) · 제243조(음화 등의 반포 등) · 제244조(음화 등의 제조 등) 및 제245조(공연 음란)의 죄

2. 형법 제31장 약취와 유인의 죄 중 추행 또는 간음을 목적으로 하거나 추업에 사용할 목적으로 범한 제288조(영리 등을 위한 약취, 유인, 매매 등)·제292조(약취, 유인, 매매된 자를 수수 또는 은닉. 다만, 제288조의 약취·유인이나 매매된 자를 수수 또는 은닉한 죄에 한한다)·제293조(상습범. 다만, 제288조의 약취·유인이나 매매된 자 또는 이송된 자를 수수 또는 은닉한 죄의 상습범에 한한다)·제294조(미수범. 다만, 제288조의 미수범 및 제292조의 미수범 중 제288조의 약취·유인이나 매매된 자를 수수 또는 은닉한 죄의 미수범과 제293조의 상습범의 미수범 중 제288조의 약취·유인이나 매매된 자를 수수 또는 은닉한 죄의 상습범의 미수범에 한한다)의 죄

3. 형법 제32장 강간과 추행의 죄 중 제297조(강간)·제298조(강제 추행)·제299조(준강간, 준강제 추행)·제300조(미수범)·제301조(강간 등 상해·치상)·제301조의 2(강간 등 살인·치사)·제302조(미성년자 등에 대한 간음)·제303조(업무상 위력 등에 의한 간음) 및 제305조(미성년자에 대한 간음, 추행)의 죄

4. 형법 제339조(강도 강간)의 죄

5. 이 법 제5조(특수 강도 강간 등) 내지 제14조의 2(카메라 등 이용 촬영)의 죄

② 제1항 각 호의 범죄로서 다른 법률에 의하여 가중 처벌되는 죄는 성폭력 범죄로 본다.

제3조 (국가와 지방 자치 단체의 의무) ① 국가와 지방 자치 단체는 성폭력 범죄를 예방하고 그 피해자를 보호하며 유해 환경을 개선하기 위하여 필요한 법적·제도적 장치를 마련하고 필요한 재원을 조달하여야 한다.

② 국가와 지방 자치 단체는 청소년을 건전하게 육성하기 위하여 청소년에 대한 성교육 및 성폭력 예방에 필요한 교육을 실시하여야 한다.

③ 제2항의 규정에 의한 청소년에 대한 성교육 및 성폭력 예방에 필요한

교육에 관하여 필요한 사항은 대통령령으로 정한다. 〈신설 97·8·22 법 5343〉

제4조 (피해자에 대한 불이익 처분의 금지) 성폭력 범죄의 피해자를 고용하고 있는 자는 누구든지 성폭력 범죄와 관련하여 피해자를 해고하거나 기타 불이익을 주어서는 아니 된다.

제2장 성폭력 범죄의 처벌 및 절차에 관한 특례

제5조 (특수 강도 강간 등) ①형법 제319조 제1항(주거 침입), 제330조(야간 주거 침입 절도), 제331조(특수 절도) 또는 제342조(미수범. 다만, 제330조 및 제331조의 미수범에 한한다)의 죄를 범한 자가 동법 제297조(강간) 내지 제299조(준강간, 준강제 추행)의 죄를 범한 때에는 무기 또는 5년 이상의 징역에 처한다. 〈개정 97·8·22 법5343〉

② 형법 제334조(특수 강도) 또는 제342조(미수범. 다만, 제334조의 미수범에 한한다)의 죄를 범한 자가 동법 제297조(강간) 내지 제299조(준강간, 준강제 추행)의 죄를 범한 때에는 사형·무기 또는 10년 이상의 징역에 처한다. 〈개정 97·8·22 법5343〉

제6조 (특수 강간 등) ①흉기 기타 위험한 물건을 휴대하거나 2인 이상이 합동하여 형법 제297조(강간)의 죄를 범한 자는 무기 또는 5년 이상의 징역에 처한다.

② 제1항의 방법으로 형법 제298조(강제 추행)의 죄를 범한 자는 3년 이상의 유기 징역에 처한다.

③ 제1항의 방법으로 형법 제299조(준강간, 준강제 추행)의 죄를 범한 자는 제1항 또는 제2항의 예에 의한다. 〈개정 97·8·22 법5343〉

④ 제1항의 방법으로 신체 장애로 항거 불능인 상태에 있음을 이용하여

여자를 간음하거나 사람에 대하여 추행한 자도 제1항 또는 제2항의 예에 의한다.

제7조 (친족 관계에 의한 강간 등) ① 친족 관계에 있는 자가 형법 제297조(강간)의 죄를 범한 때에는 5년 이상의 유기 징역에 처한다. 〈개정 97·8·22 법5343〉

② 친족 관계에 있는 자가 형법 제298조(강제 추행)의 죄를 범한 때에는 3년 이상의 유기 징역에 처한다. 〈개정 97·8·22 법5343〉

③ 친족 관계에 있는 자가 형법 제299조(준강간, 준강제 추행)의 죄를 범한 때에는 제1항 또는 제2항의 예에 의한다. 〈개정 97·8·22 법5343〉

④ 제1항 내지 제3항의 친족의 범위는 4촌 이내의 혈족과 2촌 이내의 인척으로 한다. 〈개정 97·8·22 법5343〉

⑤ 제1항 내지 제3항의 친족은 사실상의 관계에 의한 친족을 포함한다. 〈신설 97·8·22 법5343〉

제8조 (장애인에 대한 간음 등) 신체 장애 또는 정신상의 장애로 항거 불능인 상태에 있음을 이용하여 여자를 간음하거나 사람에 대하여 추행한 자는 형법 제297조(강간) 또는 제298조(강제 추행)에 정한 형으로 처벌한다. 〈개정 97·8·22 법5343〉

제8조의 2 (13세 미만의 미성년자에 대한 강간, 강제 추행 등) ① 13세 미만의 여자에 대하여 형법 제297조(강간)의 죄를 범한 자는 5년 이상의 유기 징역에 처한다.

② 13세 미만의 사람에 대하여 형법 제298조(강제 추행)의 죄를 범한 자는 1년 이상의 유기 징역 또는 500만 원 이상 2천만 원 이하의 벌금에 처한다.

③ 13세 미만의 사람에 대하여 형법 제299조(준강간, 준강제 추행)의 죄를 범한 자는 제1항 또는 제2항의 예에 의한다.

④ 위계 또는 위력으로써 13세 미만의 여자를 간음하거나 13세 미만의

사람에 대하여 추행을 한 자는 제1항 또는 제2항의 예에 의한다. 〈본조 신설 97·8·22 법5343〉

제9조 (강간 등 상해·치상) ①제5조 제1항, 제6조 또는 제12조(제5조 제1항 또는 제6조의 미수범에 한한다)의 죄를 범한 자가 사람을 상해하거나 상해에 이르게 한 때에는 무기 또는 7년 이상의 징역에 처한다. 〈개정 97·8·22 법5343〉

② 제7조, 제8조 또는 제12조(제7조 또는 제8조의 미수범에 한한다)의 죄를 범한 자가 사람을 상해하거나 상해에 이르게 한 때에는 무기 또는 5년 이상의 징역에 처한다. 〈개정 97·8·22 법5343〉

제10조 (강간 등 살인·치사) ①제5조 내지 제8조, 제12조(제5조 내지 제8조의 미수범에 한한다)의 죄 또는 형법 제297조(강간) 내지 제300조(미수범)의 죄를 범한 자가 사람을 살해한 때에는 사형 또는 무기 징역에 처한다. 〈개정 97·8·22 법5343〉

② 제6조 내지 제8조, 제12조(제6조 내지 제8조의 미수범에 한한다)의 죄를 범한 자가 사람을 사망에 이르게 한 때에는 무기 또는 10년 이상의 징역에 처한다. 〈개정 97·8·22 법5343〉

③ 삭제 〈97·8·22 법5343〉

제11조 (업무상 위력 등에 의한 추행) ① 업무·고용 기타 관계로 인하여 자기의 보호 또는 감독을 받는 사람에 대하여 위계 또는 위력으로써 추행한 자는 2년 이하의 징역 또는 500만 원 이하의 벌금에 처한다.

② 법률에 의하여 구금된 사람을 감호하는 자가 그 사람을 추행한 때에는 3년 이하의 징역 또는 1천500만 원 이하의 벌금에 처한다.

제12조 (미수범) 제5조 내지 제10조 및 제14조의 2의 미수범은 처벌한다. 〈개정 97·8·22 법5343, 98·12·28〉

제13조 (공중 밀집 장소에서의 추행) 대중 교통 수단, 공연·집회 장소 기타

공중이 밀집하는 장소에서 사람을 추행한 자는 1년 이하의 징역 또는 300만 원 이하의 벌금에 처한다.

제14조 (통신 매체 이용 음란) 자기 또는 다른 사람의 성적 욕망을 유발하거나 만족시킬 목적으로 전화·우편·컴퓨터 기타 통신매체를 통하여 성적 수치심이나 혐오감을 일으키는 말이나 음향, 글이나 도화, 영상 또는 물건을 상대방에게 도달하게 한 자는 1년 이하의 징역 또는 300만 원 이하의 벌금에 처한다.

제14조의 2 (카메라 등 이용 촬영) 카메라 기타 이와 유사한 기능을 갖춘 기계 장치를 이용하여 성적 욕망 또는 수치심을 유발할 수 있는 타인의 신체를 그 의사에 반하여 촬영한 자는 5년 이하의 징역 또는 1천만 원 이하의 벌금에 처한다. 〈본조 신설 98·12·28〉

제15조 (고소) 제11조·제13조 및 제14조의 죄는 고소가 있어야 공소를 제기할 수 있다. 〈개정 97·8·22 법5343〉

제16조 (보호 관찰 등) ① 법원이 성폭력 범죄를 범한 자에 대하여 형의 선고를 유예할 경우에는 1년 동안 보호 관찰을 받을 것을 명할 수 있다. 다만, 성폭력 범죄를 범한 자가 소년인 경우에는 반드시 보호 관찰을 명하여야 한다.

② 법원이 성폭력 범죄를 범한 자에 대하여 형의 집행을 유예할 경우에는 그 집행 유예 기간 내에서 일정 기간 동안 보호관찰을 받을 것을 명하거나 사회 봉사 또는 수강을 명할 수 있다. 이 경우 2이상 병과할 수 있다. 다만, 성폭력 범죄를 범한 자가 소년인 경우에는 반드시 보호 관찰·사회 봉사 또는 수강을 명하여야 한다. 〈개정 97·8·22 법5343〉

③ 성폭력 범죄를 범한 자로서 형의 집행 중에 가석방된 자는 가석방 기간 동안 보호 관찰을 받는다. 다만, 가석방을 허가한 행정 관청이 필요가 없다고 인정한 때에는 그러하지 아니하다.

④ 보호 관찰·사회 봉사 및 수강에 관하여 이 법에 정한 사항 이외의 사항에 관하여는 보호 관찰 등에 관한 법률을 준용한다. 〈개정 95·1·5, 97·8·22 법5343〉

제17조 (보호 감호) 제5조 내지 제10조 및 제12조의 죄는 사회 보호법 제5조(보호 감호)의 별표에 규정된 죄로 본다. 〈개정 97·8·22 법5343〉

제18조 (고소 제한에 대한 예외) 성폭력 범죄에 대하여는 형사 소송법 제224조(고소의 제한)의 규정에 불구하고 자기 또는 배우자의 직계 존속을 고소할 수 있다.

제19조 (고소 기간) ① 성폭력 범죄 중 친고죄에 대하여는 형사 소송법 제230조(고소 기간) 제1항의 규정에 불구하고 범인을 알게 된 날부터 1년을 경과하면 고소하지 못한다. 다만, 고소할 수 없는 불가항력의 사유가 있는 때에는 그 사유가 없어진 날부터 기산한다.

② 형사 소송법 제230조(고소 기간) 제2항의 규정은 제1항의 경우에 이를 준용한다.

제20조 (특정 강력 범죄의 처벌에 관한 특례법의 준용) ①성폭력 범죄에 대한 처벌 절차에는 특정 강력 범죄의 처벌에 관한 특례법 제7조(증인에 대한 신변 안전 조치)·제8조(출판물 등으로부터의 피해자 보호)·제9조(소송 진행의 협의)·제12조(간이 공판 절차의 결정) 및 제13조(판결 선고)의 규정을 준용한다.

② 제5조·제6조·제9조·제10조 및 제12조(제5조·제6조·제9조 및 제10조의 미수범에 한한다)의 죄는 특정 강력 범죄의 처벌에 관한 특례법 제2조(적용 범위) 제1항의 규정에 의한 특정 강력 범죄로 본다.

제21조 (피해자의 신원과 사생활 비밀 누설 금지) ①성폭력 범죄의 수사 또는 재판을 담당하거나 이에 관여하는 공무원은 피해자의 주소·성명·연령·직업·용모 기타 피해자를 특정하여 파악할 수 있게 하는 인적 사항과 사진 등을 공개하거나 타인에게 누설하여서는 아니 된다.

② 제1항에 규정된 자는 성폭력 범죄의 소추에 필요한 범죄 구성 사실을 제외한 피해자의 사생활에 관한 비밀을 공개하거나 타인에게 누설하여서는 아니 된다.

제22조 (심리의 비공개) ① 성폭력 범죄에 대한 심리는 그 피해자의 사생활을 보호하기 위하여 결정으로 이를 공개하지 아니할 수 있다.

② 증인으로 소환받은 성폭력 범죄의 피해자와 그 가족은 사생활 보호 등의 사유로 증인 신문의 비공개를 신청할 수 있다.

③ 재판장은 제2항의 신청이 있는 때에는 그 허가 여부 및 공개, 법정 외의 장소에서의 신문 등 증인의 신문 방식 및 장소에 관하여 결정할 수 있다.

④ 법원 조직법 제57조(재판의 공개) 제2항 및 제3항의 규정은 제1항 및 제3항의 경우에 이를 준용한다.

제22조의 2 (신뢰 관계에 있는 자 등의 동석) ① 법원은 제5조 내지 제9조와 제11조 및 제12조(제10조의 미수범을 제외한다)의 범죄의 피해자를 증인으로 신문하는 경우에는 검사 또는 피해자의 신청에 의하여 피해자와 신뢰 관계에 있는 자를 동석하게 할 수 있다.

② 수사 기관이 제1항의 피해자를 조사하는 경우에는 피해자의 신청에 의하여 피해자가 지정하는 자를 동석하게 할 수 있다. 〈본조 신설 97 · 8 · 22 법5343〉

제22조의 3 (신고 의무) 18세 미만의 사람을 보호하거나 교육 또는 치료하는 시설의 책임자 및 관련 종사자는 자기의 보호 또는 감독을 받는 사람이 제5조 내지 제10조, 형법 제301조(강간 등 상해 · 치상) 및 제301조의 2(강간 등 살인 · 치사)의 범죄의 피해자인 사실을 안 때에는 즉시 수사기관에 신고하여야 한다. 〈본조 신설 97 · 8 · 22 법5343〉

제22조의 4 (증거 보전의 특례) ① 피해자 또는 그 법정 대리인은 피해자가 공판기일에 출석하여 증언하는 것이 현저히 곤란한 사정이 있는 때에는 그

사유를 소명하여 당해 성폭력 범죄를 수사하는 검사에 대하여 형사 소송법 제184조 (증거 보전의 청구와 그 절차) 제1항의 규정에 의한 증거 보전의 청구를 할 것을 요청할 수 있다.

② 제1항의 요청을 받은 검사는 그 요청이 상당한 이유가 있다고 인정하는 때에는 증거 보전의 청구를 할 수 있다. 〈본조 신설 97·8·22 법5343〉

제3장 성폭력 피해 상담소 등

제23조 (상담소의 설치) ① 국가 또는 지방 자치 단체는 성폭력 피해 상담소(이하 "상담소"라 한다)를 설치·운영할 수 있다.

② 국가 또는 지방 자치 단체 외의 자가 상담소를 설치·운영하고자 할 때에는 특별시장·광역시장 또는 도지사(이하 "시·도지사"라 한다)에게 신고하여야 한다. 〈개정 97·8·22 법5343, 97·12·13 법5454〉

③ 상담소의 설치 기준과 신고 등에 관하여 필요한 사항은 보건복지부령으로 정한다. 〈개정 97·8·22 법5343〉

제24조 (상담소의 업무) 상담소의 업무는 다음과 같다.

1. 성폭력 피해를 신고 받거나 이에 관한 상담에 응하는 일

2. 성폭력 피해로 인하여 정상적인 가정 생활 및 사회 생활이 어렵거나 기타 사정으로 긴급히 보호를 필요로 하는 사람을 병원 또는 성폭력 피해자 보호 시설로 데려다 주는 일

3. 가해자에 대한 고소와 피해 배상 청구 등 사법 처리 절차에 관하여 대한 변호사 협회·대한 법률 구조 공단 등 관계 기관에 필요한 협조와 지원을 요청하는 일

4. 성폭력 범죄의 예방 및 방지를 위한 홍보를 하는 일

5. 기타 성폭력 범죄 및 성폭력 피해에 관하여 조사·연구하는 일

제25조 (보호 시설의 설치) ① 국가 또는 지방 자치 단체는 성폭력 피해자 보호 시설(이하 "보호 시설"이라 한다)을 설치·운영할 수 있다.

② 사회 복지 법인 기타 비영리 법인은 시·도지사에게 신고하고 보호 시설을 설치·운영할 수 있다. 〈개정 97·8·22 법5358〉

③ 보호 시설의 설치 기준과 신고 등에 관하여 필요한 사항은 보건복지부령으로 정한다. 〈개정 97·8·22 법5343·5358〉

제26조 (보호 시설의 업무) 보호 시설의 업무는 다음과 같다.

1. 제24조 각 호의 일

2. 성폭력 피해자를 일시 보호하는 일

3. 성폭력 피해자의 신체적·정신적 안정 회복과 사회 복귀를 도우는 일

4. 기타 성폭력 피해자의 보호를 위하여 필요한 일

제27조 (상담소 또는 보호 시설의 휴지 또는 폐지) 제23조 제2항 또는 제25조 제2항의 규정에 의하여 설치한 상담소 또는 보호 시설을 휴지 또는 폐지하고자 할 때에는 보건복지부령이 정하는 바에 따라 미리 시·도지사에게 신고하여야 한다. 〈개정 97·8·22 법5343〉

제28조 (감독) ① 보건복지부 장관 또는 시·도지사는 상담소 또는 보호 시설의 장으로 하여금 당해 시설에 관하여 필요한 보고를 하게 할 수 있으며, 관계 공무원으로 하여금 당해 시설의 운영 상황을 조사하게 하거나 장부 기타 서류를 검사하게 할 수 있다. 〈개정 97·8·22 법5343〉

② 제1항의 규정에 의하여 관계 공무원이 그 직무를 행하는 때에는 그 권한을 표시하는 증표를 지니고 이를 관계인에게 내보여야 한다.

제29조 (시설의 폐쇄 등) 시·도지사는 상담소 또는 보호 시설이 다음 각 호의 1에 해당하는 때에는 그 업무의 정지 또는 폐지를 명하거나 시설을 폐쇄할 수 있다. 〈개정 97·8·22 법5343·법5358〉

1. 제23조 제3항 또는 제25조 제3항의 규정에 의한 설치 기준에 미달

하게 된 때

2. 정당한 사유 없이 제28조 제1항의 규정에 의한 보고를 하지 아니하거나 허위로 보고한 때 또는 조사·검사를 거부하거나 기피한 때

제29조의 2 (청문) 시·도지사는 제29조의 규정에 의하여 업무의 폐지를 명하거나 시설을 폐쇄하고자 하는 경우에는 청문을 실시하여야 한다. 〈본조신설 97·12·13 법5453〉

제30조 (경비의 보조) 국가 또는 지방자치 단체는 제23조 제2항 또는 제25조 제2항의 규정에 의하여 설치한 상담소 또는 보호 시설의 설치·운영에 소요되는 경비를 보조할 수 있다.

제31조 (비밀 엄수의 의무) 상담소 또는 보호 시설의 장이나 이를 보조하는 자 또는 그 직에 있었던 자는 그 직무상 알게 된 비밀을 누설하여서는 아니된다.

제32조 (유사 명칭 사용 금지) 이 법에 의한 상담소 또는 보호 시설이 아니면 성폭력 피해 상담소·성폭력 피해자 보호 시설 또는 이와 유사한 명칭을 사용하지 못한다.

제33조 (의료 보호) ①보건복지부 장관 또는 시·도지사는 국·공립 병원·보건소 또는 민간 의료 시설을 성폭력 피해자의 치료를 위한 전담의료기관으로 지정할 수 있다. 〈개정 97·8·22 법5343〉

② 제1항의 규정에 의하여 지정된 전담 의료 기관은 상담소 또는 보호 시설의 장의 요청이 있을 경우에는 다음 각 호의 의료 등을 제공하여야 한다.

1. 성폭력 피해자의 보건 상담 및 지도

2. 성폭력 피해의 치료

3. 기타 대통령령이 정하는 신체적·정신적 치료

제34조 (권한의 위임) 보건복지부 장관과 시·도지사는 이 법에 의한 권한의 일부를 시·도지사 또는 시장·군수·구청장에게 위임할 수 있다. 〈개정

97 · 8 · 22 법5343〉

제4장 벌칙

제35조 (벌칙) 다음 각 호의 1에 해당하는 자는 2년 이하의 징역 또는 500만 원 이하의 벌금에 처한다. 〈개정 97 · 8 · 22 법5343 · 법5358〉

　1. 영리를 목적으로 이 법에 의한 상담소 또는 보호 시설을 설치 · 운영한 자

　2. 제21조 또는 제31조의 규정에 의한 비밀 엄수 의무를 위반한 자

　3. 제29조의 규정에 의한 시설의 폐쇄, 업무의 휴지 또는 폐지 명령을 받고도 상담소 또는 보호 시설을 계속 운영한 자

제36조 (과태료) ① 다음 각 호의 1에 해당하는 자는 300만 원 이하의 과태료에 처한다.

　1. 정당한 사유 없이 제28조 제1항의 규정에 의한 보고를 하지 아니하거나 허위로 보고한 자 또는 조사 · 검사를 거부하거나 기피한 자

　2. 제32조의 규정에 의한 유사 명칭 사용 금지를 위반한 자

　② 제1항의 규정에 의한 과태료는 대통령령이 정하는 바에 의하여 보건복지부 장관 또는 시 · 도지사가 부과 · 징수한다. 〈개정 97 · 8 · 22 법5343〉

　③ 제2항의 규정에 의한 과태료 처분에 불복이 있는 자는 그 처분의 고지를 받은 날부터 30일 이내에 보건복지부 장관 또는 시 · 도지사에게 이의를 제기할 수 있다. 〈개정 97 · 8 · 22 법5343〉

　④ 제2항의 규정에 의한 과태료 처분을 받은 자가 제3항의 규정에 의한 이의를 제기한 때에는 보건복지부 장관 또는 시 · 도지사는 지체 없이 관할 법원에 그 사유를 통보하여야 하며, 그 통보를 받은 관할 법원은 비송사건 절차법에 의한 과태료의 재판을 한다. 〈개정 97 · 8 · 22 법5343〉

⑤ 제3항의 규정에 의한 기간 내에 이의를 제기하지 아니하고 과태료를 납부하지 아니한 때에는 국세 또는 지방세 체납 처분의 예에 의하여 이를 징수한다.

제37조 (양벌 규정) 법인의 대표자, 법인 또는 개인의 대리인·사용인 기타 종업원이 그 법인 또는 개인의 업무에 관하여 제14조의 2 또는 제35조의 위반 행위를 한 때에는 행위자를 벌하는 외에 그 법인 또는 개인에 대하여도 각 해당조의 벌금형을 과한다. 〈개정 97·8·22 법5343, 98·12·28〉

부칙

제1조 (시행일) 이 법은 1994년 4월 1일부터 시행한다.

제2조 (경과 조치) ① 이 법 시행 전에 행하여진 제2조의 죄에 관하여는 종전의 규정에 의한다.

② 1개의 행위가 이 법 시행 전후에 걸쳐 행하여진 때에는 이 법 시행 전에 행하여진 것으로 본다.

③ 이 법 제20조 및 제22조의 규정은 이 법 시행 전에 공소가 제기된 사건에 대하여는 이를 적용하지 아니한다.

제3조 (다른 법률의 개정) 특정 범죄 가중 처벌 등에 관한 법률 중 다음과 같이 개정한다. 제5조의 6 및 제5조의 7을 삭제한다.

부칙 〈95·1·5〉

제1조 (시행일) 이 법은 공포한 날부터 시행한다.

제2조 내지 제14조 생략

부칙 〈97·8·22 법5343〉

이 법은 1998년 1월 1일부터 시행한다.

부칙 〈97 · 8 · 22 법5358〉

제1조 (시행일) 이 법은 1998년 7월 1일부터 시행한다. 〈단서 생략〉

제2조 내지 제9조 생략

부칙 〈97 · 12 · 13 법5453〉

제1조 (시행일) 이 법은 1998년 1월 1일부터 시행한다. 〈단서 생략〉

제2조 (초지법 등의 개정에 따른 경과 조치) ① 내지 ③ 생략

④ 이 법 시행일부터 1998년 6월 30일까지는 성폭력 범죄의 처벌 및 피해자 보호 등에 관한 법률 제29조의 2의 개정 규정 중 "시설을 폐쇄"를 "허가를 취소"로 본다.

⑤ 내지 ⑧ 생략

부칙 〈97 · 12 · 13 법5454〉

이 법은 1998년 1월 1일부터 시행한다. 〈단서 생략〉

부칙 〈98 · 12 · 28〉

이 법은 공포한 날부터 시행한다.

아동 복지법 : 학대 아동에 대한 보호 체계 마련

2000년 1월 아동 복지법의 개정과 함께 학대 아동을 아동 보호 전문 기관에서 보호할 수 있는 법적 근거가 마련되었다. 이 법은 2000년 7월 13일부터 시행된다.

제14조 (긴급 전화의 설치·운영 기준 등) ① 법 제23조의 규정에 의하여 시·도지사는 관할 지역 내의 아동 보호 전문 기관에 긴급 전화를 설치하여야 한다. 이 경우 긴급 전화의 운영은 당해 기관에 위탁할 수 있다.

② 긴급 전화는 전국적으로 통일된 번호로 매일 24시간 동안 운영하여야 한다.

③ 긴급 전화에는 학대 아동에 대한 보호조치의 필요성 및 시급성 여부를 판단할 수 있는 상담원을 배치·운영하여야 한다. 이 경우 상담원의 자격은 제16조의 규정에 의한다.

④ 기타 긴급 전화의 설치 및 운영에 관하여 필요한 내용은 보건복지부 장관이 정하는 바에 의한다.

제15조 (아동 보호 전문 기관의 지정) ① 법 제24조 제1항 단서 규정에 의하여 시·도지사는 보건복지부 장관의 승인을 받아 아동 복지 시설 또는 비영리 법인을 아동 보호 전문 기관으로 지정할 수 있다.

② 아동 보호 전문 기관으로 지정 받을 수 있는 시설 또는 비영리 법인의 종류는 다음 각 호와 같다.

1. 비영리 법인이 설치·운영하는 아동 상담소 등 아동 복지 시설

2. 사회 복지 사업법에 의하여 설치된 비영리 법인

3. 기타 아동 보호 전문 기관의 업무를 수행할 능력이 있다고 시·도 지사가 인정하는 비영리 법인

③ 아동 보호 전문 기관으로 지정 받고자 하는 시설 또는 법인은 3년 이상 아동복지 업무를 실시한 경험이 있어야 하며, 고유 업무에 지장이 없도록 별표 6의 시설을 별도로 갖추어야 한다.

④ 아동 보호 전문 기관으로 지정된 비영리 법인에 대한 비용 보조 및 보조금의 반환은 법 제31조 제4항 및 법 제33조의 규정을 적용한다.

⑤ 시·도지사는 아동 보호 전문 기관으로 지정된 비영리 법인이 법 제25조의 규정에 의한 업무의 실적이 부진하거나 법 제33조 각 호의 1에 해당할 때에는 보건복지부 장관의 승인을 받아 아동 보호 전문 기관의 지정을 취소할 수 있다.

⑥ 기타 아동 보호 전문 기관의 지정 등에 필요한 내용은 보건복지부령이 정하는 바에 의한다.

제16조 (아동 보호 전문 기관 직원의 자격) ① 법 제24조 제2항 본문 규정에 의하여 아동 보호 전문 기관 직원의 직종별 자격 기준 중 기관장 및 총무는 별표 5의 "아동 복지 시설의 장" 및 "총무"의 자격 기준을 각각 준용하고, 상담원은 다음 각 호의 1에 해당하는 자격을 갖추어야 한다.

1. 사회 복지 사업법에 의한 사회복지사 1급 이상의 자격을 가진 자

2. 고등 교육법에 의한 대학 또는 이와 동등 이상의 학력이 있다고 교육부 장관이 인정하는 학교에서 심리학, 아동 심리학 또는 관련학과를 전공하여 졸업한 자

3. 초·중등학교 교사 자격증 소지자로서 상담 분야에서 1년 이상 근무한 경력이 있는 자

② 제1항의 규정에 불구하고 다음 각 호의 1에 해당하는 자는 아동 보호 전문 기관의 상담원이 될 수 없다.

1. 윤락 행위 등 방지법, 성폭력 범죄의 처벌 및 피해자 보호에 관한 법률, 가정 폭력 범죄의 처벌 등에 관한 특례법 또는 가정 폭력 방지 및 피해자 보호 등에 관한 법률에 의한 성 관련 범죄로 인하여 벌금형 이상의 선고를 받고 그 형이 확정된 후 5년이 경과하지 아니한 자.

2. 형법 제7장, 마약류 관리에 관한 법률 또는 유해 화학 물질 관리법에 의한 약물 관련 범죄로 인하여 벌금형 이상의 선고를 받고 그 형이 확정된 후 5년이 경과하지 아니한 자.

3. 사회 복지 사업법, 국민 기초 생활 보장법, 노인 복지법, 장애인 복지법, 모자 복지법, 영유아 보육법, 정신 보건법, 입양 촉진 및 절차에 관한 특례법, 일제하 일본군 위안부에 대한 생활 안정 지원법, 사회 복지 공동 모금회법, 장애인·노인·임산부 등의 편의 증진 보장에 관한 법률 또는 이 법에 위반하여 벌금형 이상의 선고를 받고 그 형이 확정된 후 5년이 경과하지 아니한 자.

③ 아동 보호 전문 기관에 근무하는 기관의 장, 총무 및 상담원 등은 보건 복지부 장관이 인정하는 교육 기관에서 학대 아동 보호 조치에 필요한 교육을 이수하여야 하며, 교육 과정은 보건복지부령이 정하는 바에 의한다.

제17조 (응급 조치 의무 등) ① 법 제27조 제2항의 규정에 의하여 아동 학대 신고를 받은 아동 보호 전문 기관의 직원 또는 사법 경찰 관리(이 조에서 "조사자"라 한다)는 지체 없이 현장을 조사하여 조사 내용을 서면으로 작성하여야 한다. 이 경우 조사자는 아동 학대 사건으로 처리하는 것이 상당한지 여부에 대한 의견을 제시할 수 있다.

② 조사자는 현장 조사 후 당해 아동에 대한 응급 보호 조치가 적절하지 않다고 판단할 때에는 당해 아동을 보호자 또는 부양 의무자에게 귀가시킨

다. 다만, 피해 아동이 보호자로부터의 격리 등의 조치를 원하는 경우에는 제3항의 규정에 의한다.

③ 보호자로부터의 격리 또는 치료 등의 조치가 필요한 경우 조사자는 아동을 수용할 수 있는 인근 시설 또는 의료 기관에 조치를 의뢰할 수 있다. 다만, 3일 이상 장기간 보호가 필요한 때에는 제1항의 규정에 의한 현장 조사서를 첨부하여 시장·군수·구청장에게 법 제10조 제1항 제2호 내지 제4호의 규정에 의한 보호 조치를 의뢰하여야 한다.

④ 시장·군수·구청장은 제3항 단서 규정에 의하여 보호 조치를 의뢰받은 때에는 지체 없이 적절한 보호 조치를 실시하되, 구체적인 절차는 제5조, 제6조 또는 제8조의 규정에 의한다. 당해 보호자가 반대하는 경우에도 시장·군수·구청장이 직권으로 조치할 수 있다.

청소년의 성 보호에 관한 법률

2000년 2월 3일 제정된 청소년 성 보호법은 7월 1일부터 시행된다. 이 법은 유해 행위로부터 청소년을 보호, 구제하여 청소년의 인권을 보장하고 건전한 사회 구성원으로 성장하도록 하는 목적(제1조)을 가지고 있다.

제1장 총칙

제1조 (목적) 이 법은 청소년의 성을 사거나 이를 알선하는 행위, 청소년을 이용하여 음란물을 제작·배포하는 행위 및 청소년에 대한 성폭력 행위 등으로부터 청소년을 보호·구제하여 이들의 인권을 보장하고 건전한 사회 구성원으로 성장할 수 있도록 함을 목적으로 한다.

제2조 (정의) 이 법에서 사용하는 용어의 정의는 다음과 같다.

1. "청소년"이라 함은 19세 미만의 남녀를 말한다.

2. "청소년의 성을 사는 행위"라 함은 청소년, 청소년을 알선한 자 또는 청소년을 실질적으로 보호·감독하는 자 등에게 금품 기타 재산상 이익이나, 직무·편의 제공 등 대가를 제공하거나 이를 약속하고 다음 각목의 1에 해당하는 행위를 하는 것을 말한다.

가. 청소년과의 성교 행위

나. 청소년과의 구강·항문 등 신체의 일부 또는 도구를 이용한 유

사 성교 행위

3. "청소년 이용 음란물"이라 함은 청소년이 등장하여 제2호 각목의 1에 해당하는 행위를 하거나, 청소년의 수치심을 야기시키는 신체의 전부 또는 일부 등을 노골적으로 노출하여 음란한 내용을 표현한 것으로서, 필름·비디오물·게임물 또는 컴퓨터 기타 통신매체를 통한 영상 등의 형태로 된 것을 말한다.

제3조 (해석·적용상의 주의) 이 법을 해석·적용함에 있어서는 국민의 권리가 부당하게 침해되지 아니하도록 주의하여야 한다.

제4조 (국가 및 지방 자치 단체의 의무) 국가 및 지방 자치 단체는 청소년의 성을 사는 행위, 청소년에 대한 성폭력 행위 등의 범죄를 예방하고 청소년을 보호하며 이의 근절을 위하여 조사·연구·교육·계도 기타 필요한 법적·제도적 장치를 마련하고 필요한 재원을 조달하여야 한다.

제2장 청소년의 성을 사는 행위 등의 처벌

제5조 (청소년의 성을 사는 행위) 청소년의 성을 사는 행위를 한 자는 3년 이하의 징역 또는 2천만 원 이하의 벌금에 처한다.

제6조 (청소년에 대한 강요 행위 등) ① 다음 각 호의 1에 해당하는 자는 3년 이상의 유기 징역에 처한다.

1. 폭행 또는 협박으로 청소년으로 하여금 청소년의 성을 사는 행위의 상대방이 되게 한 자

2. 위계 또는 선불금 기타 채무를 이용하는 등의 방법으로 청소년을 곤경에 빠뜨려 청소년으로 하여금 청소년의 성을 사는 행위의 상대방이 되게 한 자

3. 업무·고용 기타의 관계로 인하여 자신의 보호 또는 감독을 받는

것을 이용하여 청소년으로 하여금 청소년의 성을 사는 행위의 상대방이 되게 한 자

　4. 영업으로 청소년을 청소년의 성을 사는 행위의 상대방이 되도록 유인·권유한 자

② 제1항 제1호 내지 제3호의 죄를 범한 자가 그 대가의 전부 또는 일부를 받거나 이를 요구 또는 약속한 때는 5년 이상의 유기 징역에 처한다.

③ 제1항 및 제2항의 미수범은 처벌한다.

④ 청소년의 성을 사는 행위의 상대방이 되도록 유인·권유한 자는 5년 이하의 징역 또는 3천만 원 이하의 벌금에 처한다.

제7조 (알선 영업 행위 등) ① 다음 각 호의 1에 해당하는 자는 5년 이상의 유기 징역에 처한다.

　1. 청소년의 성을 사는 행위의 장소를 제공하는 행위를 업으로 하는 자

　2. 청소년의 성을 사는 행위를 알선하는 행위를 업으로 하는 자

　3. 제1호 또는 제2호의 범죄에 사용되는 사실을 알고 자금, 토지 또는 건물을 제공한 자

　4. 영업으로 성을 사고 파는 행위의 장소를 제공하는 업소 또는 알선하는 업소에 청소년을 고용한 자

② 다음의 각 호의 1에 해당하는 자는 5년 이하의 징역 또는 3천만 원 이하의 벌금에 처한다.

　1. 영업으로 청소년의 성을 사는 행위를 하도록 유인·권유 또는 강요한 자

　2. 청소년의 성을 사는 행위의 장소를 제공한 자

　3. 청소년의 성을 사는 행위를 알선한 자

　4. 영업으로 청소년의 성을 사는 행위의 장소를 제공하거나 청소년의 성을 사는 행위를 알선하기로 약속한 자

③ 청소년의 성을 사는 행위를 하도록 유인·권유 또는 강요한 자는 3년 이하의 징역 또는 2천만 원 이하의 벌금에 처한다.

제8조 (청소년 이용 음란물의 제작·배포 등) ① 청소년 이용 음란물을 제작·수입·수출한 자는 5년 이상의 유기 징역에 처한다.

② 영리를 목적으로 청소년 이용 음란물을 판매·대여·배포하거나, 이를 목적으로 소지·운반하거나, 공연히 전시 또는 상영한 자는 7년 이하의 징역에 처한다.

③ 청소년을 청소년 이용 음란물의 제작자에게 알선한 자는 1년 이상 10년 이하의 징역에 처한다.

④ 제1항의 미수범은 처벌한다.

제9조 (청소년 매매 행위) ① 청소년의 성을 사는 행위 및 청소년 이용 음란물을 제작하는 행위의 대상이 될 것을 알면서 청소년을 매매한 자는 무기 또는 5년 이상의 징역에 처한다.

② 청소년의 성을 사는 행위 및 청소년 이용 음란물을 제작하는 행위의 대상이 될 것을 알면서 청소년을 국외에 매매 또는 이송하거나 국외에 거주하는 청소년을 국내에 매매 또는 이송한 자는 무기 또는 5년 이상의 징역에 처한다.

③ 제1항 및 제2항의 미수범은 처벌한다.

제10조 (청소년에 대한 강간, 강제 추행 등) ① 여자 청소년에 대하여 형법 제297조(강간)의 죄를 범한 자는 5년 이상의 유기 징역에 처한다.

② 청소년에 대하여 형법 제298조(강제 추행)의 죄를 범한 자는 1년 이상의 유기 징역 또는 500만 원 이상 2천만 원 이하의 벌금에 처한다.

③ 청소년에 대하여 형법 제299조(준강간, 준강제 추행)의 죄를 범한 자는 제1항 또는 제2항의 예에 의한다.

④ 위계 또는 위력으로써 여자 청소년을 간음하거나 청소년에 대하여 추

행을 한 자는 제1항 또는 제2항의 예에 의한다.

⑤ 제1항 내지 제4항의 미수범은 처벌한다.

제11조 (양벌 규정) 법인의 대표자나 법인 또는 개인의 대리인·사용인 기타 종업원이 그 법인 또는 개인의 업무에 관하여 제6조 내지 제9조의 죄를 범한 때에는 행위자를 벌하는 외에 당해 법인 또는 개인에 대하여도 벌금형이 있는 경우에는 각 해당 조의 벌금형을 과하고 벌금형이 없는 경우에는 5천만 원 이하의 벌금에 처한다.

제12조 (내국인의 국외범 처벌) 국가는 내국민이 대한민국 영역 외에서 제5조 내지 제10조의 규정을 위반하여 형법 제3조(내국인의 국외범)의 규정에 의하여 형사 처벌하여야 할 경우 외국으로부터 범죄 정보를 신속히 입수하여 처벌하도록 노력하여야 한다.

제3장 대상 청소년의 선도 보호 등

제13조 (소년부 송치) ① 제5조 내지 제9조의 규정에 의한 죄의 대상이 된 청소년(이하 "대상 청소년"이라 한다)에 대하여는 선도 보호 및 재활을 위하여 윤락 행위 등 방지법 제26조 제3항의 규정을 적용하지 아니하고, 소년법 제4조 제1항의 규정에 의한 소년부의 보호 사건으로 처리하며 이 법에 규정된 사항 외에는 소년법에 의한 보호 사건 관련 규정을 적용한다.

② 대상 청소년이 있을 때에는 사법 경찰관은 신속히 사건을 수사하고, 보호 사건으로 처리함이 상당한지 여부에 관한 의견을 첨부하여 이를 검사에게 송치하여야 한다.

③ 대상 청소년을 발견한 보호자 또는 학교와 사회 복리 시설의 장은 소년법 제4조 제3항의 규정에 의하여 이를 관할 소년부에 통고할 수 있다.

제14조 (소년부 보호 사건의 처리) 검사는 제5조 내지 제9조의 규정에 의한

죄의 대상 청소년에 대하여 사건의 성질·동기 및 결과, 행위자와 성행 등을 고려하여 소년법에 의한 보호 처분에 처함이 상당하다고 인정할 때에는 소년부의 보호 사건으로 처리할 수 있다. 이 경우 검사는 당사자의 의견을 존중할 수 있다.

제15조 (보호 처분) ① 소년부 판사는 소년법 제32조 제1항의 규정에 의하여 대상 청소년을 위하여 필요하다고 인정할 때에는 동항 각 호의 처분 외에 윤락 행위 등 방지법 제11조 제1항 제2호의 규정에 의한 선도 보호 시설 또는 청소년 보호법 제33조의 2 제1항 및 제3항의 규정에 의한 청소년 보호 센터 및 청소년 재활 센터에 선도 보호를 위탁하는 처분을 할 수 있다.

② 제1항의 규정에 의한 위탁의 기간은 6월로 하되 소년부 판사는 결정으로써 6월의 범위 내에서 1차에 한하여 그 기간을 연장할 수 있다. 다만, 소년부 판사는 필요한 경우 언제든지 결정으로써 그 위탁을 종료할 수 있다.

제16조 (보호 시설) 윤락 행위 등 방지법 제11조 제1항 및 청소년 보호법 제33조의 2의 규정에 의한 각 시설은 필요한 경우 대상 청소년의 선도 보호를 위하여 다음 각 호의 1에 정한 업무를 수행할 수 있다.

1. 제17조 제1항 각 호에 정한 업무
2. 대상 청소년의 선도 보호
3. 대상 청소년의 신체적·정신적·정서적 안정 회복을 위한 치료, 집단 상담 프로그램 운영
4. 대상 청소년의 보호자를 위한 교육 프로그램 운영
5. 장기 치료가 필요한 대상 청소년의 타기관에의 위탁

제17조 (상담 시설) ① 윤락 행위 등 방지법 제14조의 규정에 의한 여성 복지 상담소 및 모자 복지법 제7조의 규정에 의한 모자 복지 상담소는 다음 각 호의 1에 정한 업무를 수행할 수 있다.

1. 제5조 내지 제9조의 규정 위반 사실의 신고 접수 및 상담

2. 대상 청소년과 병원 또는 관련 시설의 연계

3. 기타 청소년 성매매 등에 관련한 조사·연구

② 성폭력 범죄의 처벌 및 피해자 보호 등에 관한 법률 제23조 및 제24조의 규정에 의한 성폭력 피해 상담소 및 성폭력 피해자 보호 시설은 다음 각 호의 1에 정한 업무를 수행할 수 있다.

1. 제1항 각 호에 정한 업무

2. 제10조에 정한 범죄의 피해를 신고 받거나 이에 관한 상담에 응하는 업무

3. 성폭력 피해로 인하여 정상적인 생활이 어렵거나 기타 사정으로 긴급히 보호를 필요로 하는 청소년을 병원 또는 성폭력 피해자 보호 시설로 데려다 주거나 일시 보호하는 업무

4. 성폭력 피해자인 청소년의 신체적·정신적 안정 회복과 사회 복귀를 돕는 업무

5. 가해자에 대한 고소와 피해 배상 청구 등 사법 처리 절차에 관하여 대한 변호사 협회·대한 법률 구조 공단 등 관계 기관에 필요한 협조와 지원을 요청하는 업무

6. 청소년에 대한 성폭력 범죄의 예방 및 방지를 위한 홍보

7. 청소년에 대한 성폭력 범죄 및 그 피해에 관한 조사·연구

8. 기타 성폭력 피해자인 청소년의 보호를 위하여 필요한 업무

제18조 (비밀 누설 금지) ① 제5조 내지 제10조의 규정에 의한 죄의 수사 또는 재판을 담당하거나 이에 관여하는 공무원은 대상 청소년 및 피해 청소년의 주소·성명·연령·학교 또는 직업·용모 기타 이들을 특정하여 파악할 수 있게 하는 인적 사항과 사진 등을 공개하거나 타인에게 누설하여서는 아니 된다.

② 제1항에 규정된 자는 청소년 성매매 및 청소년에 대한 성폭력 범죄의

소추에 필요한 범죄 구성 사실을 제외한 대상 청소년 및 피해 청소년의 사생활에 관한 비밀을 타인에게 누설하여서는 아니 된다.

③ 제16조 및 제17조의 규정에 의한 시설의 장이나 이를 보조하는 자 또는 그 직에 있었던 자는 그 직무상 알게 된 비밀을 타인에게 누설하여서는 아니 된다.

④ 제5조 내지 제10조의 규정에 의한 죄에 대하여는 대상 청소년 및 피해 청소년의 주소·성명·연령·학교 또는 직업·용모 기타 이들을 특정하여 파악할 수 있는 인적사항이나 사진 등을 신문 등 출판물에 게재하거나 방송 매체를 통하여 방송하여서는 아니 된다.

⑤ 제1항 내지 제3항의 규정을 위반한 자는 2년 이하의 징역 또는 1천만 원 이하의 벌금에 처한다.

⑥ 제4항의 규정을 위반한 신문의 편집인, 발행인 또는 그 종사자, 방송사의 편집 책임자, 그 장 또는 종사자와 발행인은 500만 원 이하의 벌금에 처한다.

제19조 (수사 절차에서의 배려) 제5조 내지 제10조의 규정에 의한 죄의 수사를 담당하는 수사 기관은 그 직무를 수행함에 있어서 청소년의 인권 및 특성을 배려함과 동시에 그 명예와 존엄을 해하지 아니하도록 각별히 주의하여야 한다.

제4장 보칙

제20조 (범죄 방지 계도) ① 청소년 보호 위원회는 청소년의 성을 사는 행위 등의 범죄 방지를 위한 계도문을 연 2회 이상 작성하여 관보 게재를 포함한 대통령령이 정하는 방법으로 전국에 걸쳐 게시 또는 배포하여야 한다.

② 제1항의 규정에 의한 계도문에는 다음 각 호의 1에 해당하는 죄를 범

한 자의 성명, 연령, 직업 등의 신상과 범죄 사실의 요지를 그 형이 확정된 후 이를 게재하여 공개할 수 있다. 다만 죄를 범한 자가 청소년인 경우는 그러하지 아니하다.

1. 제5조의 규정을 위반한 자

2. 제6조 제1항 내지 제3항의 규정을 위반한 자

3. 제7조 제1항의 규정을 위반한 자

4. 제8조 제1항의 규정을 위반한 자

5. 제9조의 규정을 위반한 자

6. 제10조의 규정을 위반한 자

7. 성폭력 범죄의 처벌 및 피해자 보호 등에 관한 법률에 의하여 가중 처벌되는 자(청소년에 대하여 죄를 범한 경우에 한한다)

③ 청소년 보호 위원회는 제2항의 규정에 의한 신상 등의 공개를 결정함에 있어서 공개 대상자 및 청소년의 연령, 범행 동기, 범행 수단 결과, 범행 전력, 죄질, 공개 대상자의 가족 관계 및 대상 청소년에 대한 관계, 범행 후의 정황 등을 고려하여 공개 대상자 및 그 가족 등에 대한 부당한 인권 침해가 없도록 하여야 할 것이다.

④ 제2항의 규정에 의한 신상 공개의 경우 제5조 내지 제10조의 규정에 의한 죄의 대상 청소년과 피해 청소년의 신상은 공개할 수 없다.

⑤ 제1항 및 제2항의 규정에 의한 계도문 게재 등과 관련한 구체적인 시기·기간·절차 등에 관한 필요한 사항은 대통령령으로 정한다.

제21조 (국제 협력) 국가는 청소년의 성을 사는 행위, 청소년에 대한 성폭력 행위 등이 국제적 범죄임을 인식하고 범죄 정보 공유, 범죄 조사 연구, 국제 사법 공조, 범죄인 인도 등 국제 협력을 강화하는 노력을 하여야 한다.

부칙

① (시행일) 이 법은 2000년 7월 1일부터 시행한다.

② (벌칙에 관한 경과 조치) 이 법 시행 전에 청소년 보호법 제26조의 2 제9호의 규정을 위반한 행위에 대한 벌칙의 적용에 있어서는 종전의 규정에 의한다.

③ (다른 법률의 개정) 청소년 보호법 중 다음과 같이 개정한다. 제26조의 2 제9호를 삭제한다. 제50조 제4호 중 "제26조의 2 제7호 내지 제9호"를 "제26조의 2 제7호 및 제8호"로 한다.

성폭력 범죄 조항 및 형벌 (형법)

죄명, 법 조항	범죄 행위	법정형
음행 매개죄 (제242조)	영리 목적으로 미성년 또는 음행의 상습 없는 부녀를 매개하여 간음하게 하는 행위	3년 이하의 징역 또는 1천 500만 원 이하의 벌금
음화 등 반포·판매·임대·공연 전시죄 (제243조)	음란한 문서, 도화, 필름 기타 물건을 반포, 판매, 임대 또는 공연히 전시 또는 상영하는 행위	1년 이하의 징역 또는 500만 원 이하의 벌금
음화 등 제조·소지·수입·수출죄 (제244조)	반포·판매·임대하거나 공연 전시 또는 상영할 목적으로 음란한 물건을 제조·소지·수입·수출하는 행위	1년 이하의 징역 또는 500만 원 이하의 벌금
공연 음란죄 (제245조)	공연히 음란한 행위를 하는 행위	1년 이하의 징역, 500만 원 이하의 벌금 구류 또는 과료
영리 약취 유인 매매죄 (제288조 제1항)	추행, 간음, 영리의 목적으로 사람을 약취 또는 유인하는 행위	1년 이상의 유기 징역
부녀 매매죄 (제88조 제2항)	추업에 사용할 목적으로 부녀를 매매하는 행위	1년 이상의 유기 징역
약취 유인 매매된 자의 수수·은닉죄 (제292조 제1항)	추행 또는 간음, 영리의 목적으로 약취, 유인된 사람이나 추업에 사용할 목적으로 매매된 부녀를 수수 또는 은닉하는 행위	7년 이하의 징역

죄명, 법조항	범죄 행위	법정형
강간죄 (제297조) 〈친고죄〉	폭행, 협박으로 부녀를 강간하는 행위	3년 이상의 유기 징역
강제 추행죄 (제298조) 〈친고죄〉	폭행, 협박으로 사람에 대하여 추행하는 행위	10년 이하의 징역 또는 1천 500만 원 이하의 벌금
준강간죄(제299조) 〈친고죄〉	부녀의 심신 상실, 항거 불능의 상태를 이용하여 간음하는 행위	3년 이상의 유기 징역
준강제추행죄 (제299조) 〈친고죄〉	사람의 심신 상실, 항거 불능의 상태를 이용하여 추행하는 행위	10년 이하의 징역 또는 1천 500만 원 이하의 벌금
강간 등 상해 · 치상죄 (제301조)	강간, 강제 추행, 준강간, 준강제 추행의 죄를 범한 자와 그 미수범이 사람을 상해하거나 상해에 이르게 하는 행위	무기 또는 5년 이상의 징역
강간 등 살인 · 치사죄 (제301조의 2)	강간, 강제 추행, 준강간, 준강제 추행의 죄를 범한 자와 그 미수범이 ・사람을 살해한 행위 ・사람을 사망에 이르게 한 행위	사형 또는 무기 징역 무기 또는 10년 이상의 징역
미성년자 등에 대한 간음 등의 죄 (제302조) 〈친고죄〉	미성년자 또는 심신 미약자에 대하여 위계 또는 위력으로써 간음 또는 추행하는 행위	5년 이하의 징역

214

죄명, 법조항	범죄 행위	법정형
업무상 위력 등에 의한 간음죄 (제303조) 〈친고죄〉	• 업무, 고용 기타 관계로 인하여 자기의 보호 또는 감독을 받는 부녀에 대하여 위계 또는 위력으로써 간음하는 행위 • 법률에 의하여 구금된 부녀를 감호하는 자가 그 부녀를 간음하는 행위	• 5년 이하의 징역 또는 1천500만 원 이하의 벌금 • 7년 이하의 징역
13세 미만자에 대한 간음·추행죄 (제305조) 〈친고죄〉	• 13세 미만의 부녀를 간음하는 행위 • 13세 미만의 부녀를 간음한 자가 그 부녀를 상해하거나 상해에 이르게 하는 행위 • 13세 미만의 사람을 추행하는 행위 • 13세 미만의 사람을 추행한 자가 사람을 상해하거나 상해에 이르게 하는 행위	• 3년 이상의 유기징역 • 무기 또는 5년 이상의 징역 • 10년 이하의 징역 또는 1천 500만 원 이하의 벌금 • 무기 또는 5년 이상의 징역
강도 강간죄 (제399조)	강도가 부녀를 강간하는 행위	무기 또는 10년 이상의 징역

성폭력 범죄 조항 및 형벌 (성폭력 특별법)

죄명	법조항	법정형
특수 절도 강간죄 등	제5조 제1항	무기 또는 5년 이상의 징역
특수 강도 강간죄 등	제5조 제2항	사형·무기 또는 10년 이상의 징역
특수 강간죄	제6조	무기 또는 5년 이상의 징역 3년 이상의 유기 징역
친족 관계에 의한 강간 죄 등	제7조	5년 이상의 유기 징역 3년 이상의 유기 징역
장애인에 대한 간음죄 등	제8조	3년 이상의 유기 징역 10년 이하의 징역 또는 1천500만 원 이하의 벌금
13세 미만의 미성년자 에 대한 강간, 강제 추 행죄 등	제8조의 2	5년 이상의 유기 징역 1년 이상의 유기 징역 또는 2천만 원 이하의 벌금
강간 등 상해·치상죄	제9조	무기 또는 7년 이상의 징역 무기 또는 5년 이상의 징역
강간 등 살인·치사죄	제10조	사형 또는 무기 징역 무기 또는 10년 이상의 징역
업무상 위력에 의한 추행죄 〈친고죄〉	제11조	2년 이하의 징역 또는 500만 원 이하의 벌금 3년 이하의 징역 또는 1천 500만 원 이하의 벌금

죄명	법조항	법정형
공중 밀집 장소에서의 추행죄 〈친고죄〉	제13조	1년 이하의 징역 또는 300만 원 이하의 벌금
통신 매체 이용 음란죄 〈친고죄〉	제14조	1년 이하의 징역 또는 300만 원 이하의 벌금
카메라 등 이용 촬영죄	제14조의 2	5년 이하의 징역 또는 1천만 원 이하의 벌금

전국 성폭력 상담 기관

한국 성폭력 상담소 · www.sisters.or.kr · 02-529-4271~2
한국 여성 민우회 가족과 성 상담소 · www.womenlink.or.kr · 02-739-1366~7
청소년을 위한 내일 여성 센터 아우성 상담소 · www.ausung.net · 02-338-7480
대한 가족 보건 복지 협회 한국 성문화 연구소 · ppfk.or.kr · 02-2634-8213
한국 아동 학대 예방 협회 · 02-755-1737
참교육을 위한 전국 학부모회 학부모 상담실 · www.hakbumo.or.kr · 02-708-5898

한국 여성의 전화 성폭력 상담 전화

서울 · 중구 장충동1가 38-84 여성 평화의 집 3층 · 02-2263-6465
강릉 · 강원도 강릉시 임당동 162-2 1/3 · 033-643-1982
강화 · 인천시 강화군 강화읍 관청리 460-1 · 032-934-1900
광명 · 광명4동 158-239 민주빌딩 2층 · 02-2060-0245
광주 · 서구 양3동 456-120 서구민 한가족 생활관 2층 · 062-363-0487
군산 · 전북 군산시 월명동 18-14 구월명동 사무소 2층 · 063-445-2285
김해 · 경남 김해시 봉황동 17-6 3층 · 055-329-6451
대구 · 남구 봉덕3동 561-46 진주빌딩 2층 · 053-472-1755
목포 · 전남 목포시 옥암동 992-19 근로자 복지 센터 3층 · 061-283-4552
부산 · 부산진구 전포2동 653-14 · 051-817-6464
성남 · 중원구 성남동 2719 인성빌딩 3층 · 031-751-1120

수원 · 팔달구 인계동 956-10 3층 · 031-224-6888

시흥 · 경기도 시흥시 대야동 487-19 · 031-312-9100

안양 · 동안구 호계2동 937-8 3층 · 031-454-4394

영광 · 전북 영광군 영광읍 신하리 2번지 원광신협 2층 · 061-352-1321

울산 · 중구 성남동 68-4 2층 · 052-211-1205

익산 · 전북 익산시 남중동 375 · 063-858-9191

인천 · 부평구 십정2동 575-23 종로빌딩 2층 · 032-529-2545

전주 · 완산구 경원동 2가 6-1 소서빌딩 503 · 063-283-9855

창원 · 경남 창원시 신월동 68-5 신월민원센터내 · 055-283-4933

천안 · 충남 천안시 쌍용동 886 농협2층 · 041-572-2000

청주 · 충북 청주시 상당구 남문로 1가 133-1 3층 · 043-252-0968

대한 가족 보건 복지 협회 성상담실

서울 · 02-2634-2003   강원 · 033-256-0078

경기 · 031-257-3233   광주 · 062-671-4050

대구 · 053-566-1900   대전 · 042-526-4000

부산 · 051-624-5584   울산 · 052-93-4463

인천 · 032-424-4592   전북 · 063-246-2003

제주 · 064-742-3181   창원 · 055-261-6219

충북 · 043-263-2000

성폭력 상담소

김포 여성 민우회 가족과 성 상담소 · 경기도 김포군 고촌면 신곡리 573 중앙빌딩
3층 · 031-986-7942

원주 성폭력 상담소 · 원주시 일산동 219-18 · 033-746-5336

춘천 성폭력 상담소 · 춘천시 효자2동 711-18 · 033-257-4689

대전 YWCA 성폭력 상담소 · 대전시 중구 대흥동 445-1 · 042-255-0004

부산 성폭력 피해 상담소 · 부산시 수영구 남천1동 52-10 · 051-628-0830

익산 성폭력 상담소 · 익산시 남중동 1가 82-60 삼익피아노 3층 · 063-843-3999

군산 성폭력 상담소 · 전북 군산시 월명동 18-14 · 063-442-1570

전남 성폭력 상담소 · 전남 순천시 금곡동 167-4 · 061-755-8033

제주 YWCA 여성의 피난처 · 제주도 제주시 이도 2동 1024-3 · 064-722-7994

전국 아동 학대 상담 신고 센터

서울 · 영등포구 신길5동 440-56 영등포 종합 사회 복지관 · 02-845-5331

부산 · 동구 수정동 1169-3 부산 종합 사회 복지관 · 051-464-0055

대구 · 동구 서호동 89-1 대구 종합 사회 복지관 · 053-961-0550

인천 · 연수구 연수2동 582-2 연수 종합 사회 복지관 · 032-821-8777

광주 · 북구 오치동 912-1 광주 종합 사회 복지관 · 062-264-4370

대전 · 대덕구 비래동 116-7 대전 종합 사회 복지관 · 042-631-7628

경기 · 광명시 하안3동 200 하안 종합 사회 복지관 · 02-894-0720

강원 · 춘천시 후평3동 899 춘천 종합 사회 복지관 · 033-242-0055

충북 · 청주시 영운동 209-6 청주 사회 복지관 · 043-256-4493

충남 · 천안시 성정동 787 천안 성정 종합 사회 복지관 · 041-578-5172

전북 · 전주시 완산구 서서학동 986-1 전북 종합 사회 복지관 · 063-282-0283

전남 · 나주시 죽림동 88 나주 종합 사회 복지관 · 061-333-5577

경북 · 포항시 대도동 632-14 포항 종합 사회 복지관 · 054-282-0100

경남 · 진주시 평거동 392 진주 평거 종합 사회 복지관 · 055-746-5480

제주 · 제주시 도남동 68-7 제주 종합 사회 복지관 · 064-753-3703

동해 · 강원 동해시 진곡동 371 월드비전 동해 종합 사회 복지관 · 033-533-8247

마천·서울 송파구 마천1동 323-197 마천 종합 사회 복지관·02-449-3141

동구·부산 동구 범일6동 1542-1 동구 종합 사회 복지관·051-633-3367

부천·원미구 중동 1028 한라마을 한라 종합 사회 복지관·032-322-3116

중탑·경기 성남시 분당구 야탑동 165 중탑 종합 사회 복지관·031-706-0167

화정·울산시 동구 화정동 862-2 화정 종합 사회 복지관·052-236-3139

참고한 자료들

미리엄 사피라, 1995, 『우리 아이들을 성폭력으로부터 지키기 위하여』, 나
   남출판.

린다 레드래이, 1995, 『나의 몸 나의 길』, 김수경 옮김, 이화여자대학교 출
   판부.

실리아 도일레, 1998, 『성학대 피해 아동과 청소년, 어떻게 도울 것인가』,
   김연옥·박혜영 공역, 하나의학사.

우리 사회 연구회, 1994, 『성과 현대 사회』, 파란나라.

컬트랜드 피터슨 등, 『외상 후 스트레스 장애의 통합적 접근』, 신응섭·채정
   민 공역, 1996, 하나의학사.

청소년 대화의 광장, 1996, 『청소년의 폭력 및 성폭력』.

청소년 대화의 광장, 1998, 『성폭력 피해의 예방과 지도』.

한국 부모 교육학회 편, 1998, 『성교육학』, 교육과학사.

한국 여성 개발원, 1994, 「성폭력 상담원 훈련」.

한국 여성 개발원, 1999, 「성폭력·가정 폭력 관련법의 시행 실태와 과제」.

한국 여성 개발원, 1999, 「여성에 대한 폭력 관련 서비스 연계 방안」.

한국 여성 개발원, 1999, 「성의식과 여성에 대한 폭력 연구」.

한국 여성 연구소, 2000, 『새여성학 강의』, 동녘.

Ellen Bass and Laura Davis, 1992, *The Courage to Heal - A Guide for
   Women Survivors of Child Sexual Abuse*, Harper Perrenial.

우리가 성에 관해 너무나 몰랐던 일들

초판 1쇄 — 2000년 9월 18일

초판 12쇄 — 2018년 4월 23일

지은이 — 김성애·전명희

펴낸이 — 유승희

펴낸곳 — 도서출판 또 하나의 문화

04057 서울 마포구 동교동 184-6 대재빌라 302호

전화 (02)324-7486 팩스 (02)323-2934

전자우편 tomoon@tomoon.com 누리집 www.tomoon.com

출판등록번호 제9-129호(1987.12.29)

ISBN 89-85635-42-5 03370